[意]卢卡·诺韦利 文/图
刘雅楠 孙 双 译

啊哈,我发现了!

10000年来改变世界的奇思妙想

少年儿童出版社

目 录

这本书里有天才的奇思妙想，
它们与梦想类似……

天才、鬼才与灵感	1
灵感的代言人	3
灵感：它们是什么，它们从哪里来？	4
智慧树	6
女性的奇思妙想	8
各个领域的奇思妙想	10

历史领域的奇思妙想 ……… 18

- 从希罗多德的发现到奇里亚科创立考古学
- 待发掘的文明：赫库兰尼姆和庞贝古城
- 特洛伊的发现
- 放射性碳博士

艺术与设计领域的奇思妙想 ……… 24

- 从拉斯科岩洞壁画到波普艺术
- 古希腊艺术与兵马俑
- 乔托与现代绘画
- 米开朗琪罗的杰作

20世纪

这本书里有10000年来的
伟大想法

改变世界的奇思妙想 ……… 12

- 从文字到互联网
- 从电灯泡到LED
- 从火的使用到"爸爸"的发现

体育领域的奇思妙想 ……………… 48
- 田径比赛与球类运动
- 冲浪、网球和冰壶
- 奥林匹亚竞技会：拳击手毕达哥拉斯与体育记者亚里士多德
- 室内健身运动的发展
- 顾拜旦男爵复兴奥林匹克运动会

阅读领域的奇思妙想 ……………… 30
- 从《吉尔伽美什史诗》到《伊利昂纪》，从《圣经》到《堂吉诃德》
- 荷马的英雄史诗
- 但丁的旅程（《神曲》）

战争领域的奇思妙想 ……………… 36
- 投石器与热兵器
- 战争中使用热气球、雷达、机器人
- 马其顿方阵与拿破仑的罐装食品
- 阿基米德与他的天才战争武器

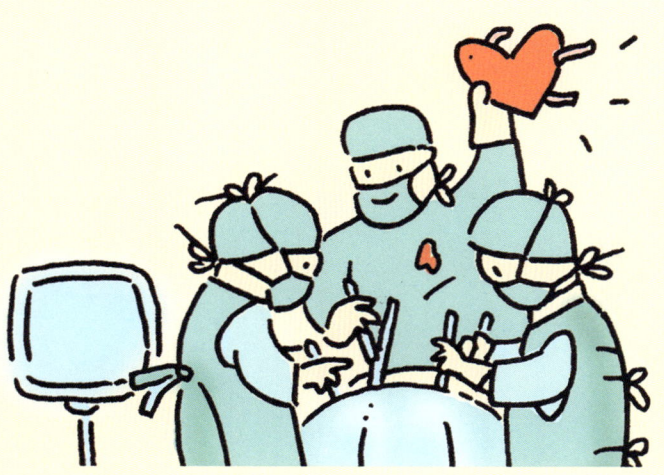

（伟大人物）在细微之处的灵感 ……………… 54
- 爱因斯坦的静音冰箱与毕达哥拉斯的单弦琴
- 牛顿用万有引力定律解释潮汐现象
- 哈雷彗星回归与"罗塞塔"号探测器
- 达尔文的环礁理论

健康领域的奇思妙想 ……………… 42
- 萨满巫师、中医、希波克拉底与盖仑医生
- 从拉齐的肥皂到未来的基因组图谱
- 列文虎克的"微生物"与解开谜团的显微镜
- 传播霍乱的水泵与克里斯蒂安·巴纳德医生的心脏移植手术

地学领域的奇思妙想 ……………… 60
- 亚里士多德等人支持地球是圆的，这一观点最终被麦哲伦所证实
- 地球的核心结构与年龄
- 大陆漂移说与冰川理论

微观领域的奇思妙想 …… 66

- 泰勒斯、阿那克西米尼、赫拉克利特与恩培多克勒的世界本原论
- 四元素说、燃素与拉瓦锡的伟大发现
- 原子、分子与放射性
- 神秘的夸克与大量基本粒子
- 量子与希格斯玻色子

女性的奇思妙想 …… 72

- 杰出女性的发明与发现
- 从美国海军的第一个编译器到防弹衣的发明
- 环保教母蕾切尔·卡森与"太阳女王"玛丽亚·泰尔凯什

时间领域的奇思妙想 …… 84

- 从苏美尔人的小时到中世纪的闹钟
- 惠更斯与最早的怀表
- 伽利略用脉搏测量时间
- 看表识经度——航海精密计时器
- 爱因斯坦的时间与黑洞

不可能实现的(或者几乎不可能实现的)梦想 …… 78

- 达·芬奇与牛顿的永动机
- 无限免费能源的梦想
- 空气动力汽车与远程传输
- 特斯拉的宇宙能源与地震机器

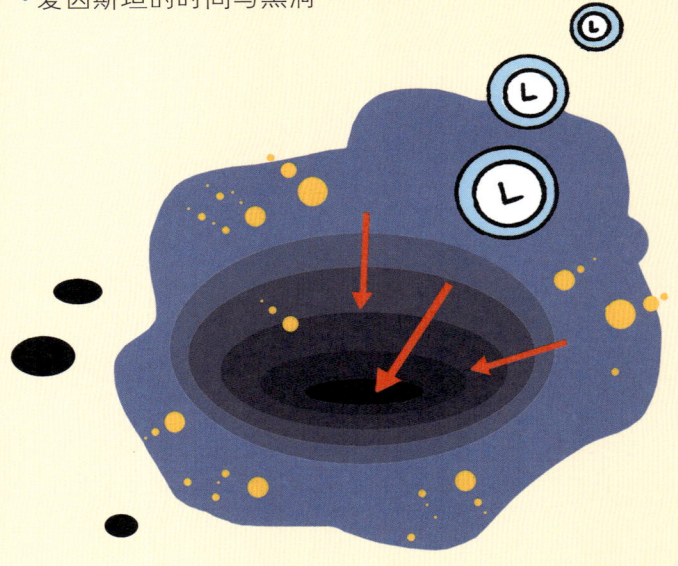

19世纪的奇思妙想 …… 90

- 充满发明创造的世纪:从伏打电池到卢米埃尔兄弟的电影院
- 贝尔的第一条长途电话线和特斯拉的无线通信技术
- 可口可乐与圣诞老人
- 埃菲尔铁塔

失而复得的灵感 96
- 高楼降落伞与摩西的电容器
- 傅科摆与陀螺仪
- 机器人之父贾扎里
- 帕斯卡计算器与土豆的再次发现
- 风塔与制冰机
- 冰箱的历史

日常生活中的奇思妙想 108
- 从伽利略的温度计到罗伯特·雷科德的等号"="
- 甜筒冰淇淋和第一个商用微处理器
- 发明脸书的年轻人
- 伊特鲁里亚人的拱顶石和石油的发现
- 从阿司匹林到第一台吸尘器
- 从第一枚硬币到比特币的发明
- 牛顿的猫门洞和达尔文的挠痒痒

汽车领域的奇思妙想 102
- 达·芬奇的弹簧车与"屈尼奥的怪物"
- 本茨夫人与她丈夫的汽车
- 电动汽车一雪前耻
- 恩佐·法拉利的赛车事业
- 埃隆·马斯克的火星梦

宇宙领域的奇思妙想 114
- 古人的宇宙观
- 托勒玫的"地心说"与哥白尼的"日心说"
- 布鲁诺与开普勒
- 浩瀚无垠的宇宙
- 从宇宙大爆炸到暗物质

《拿破仑翻越阿尔卑斯山》 雅克-路易·大卫（1801）

> 天才的
> 奇思妙想

> **要想成为伟人，就要熟知伟人的人生经历与事迹。只有这样，我才能吸取他们的经验教训，并为我所用。**
>
> ——拿破仑

天才、鬼才与灵感

每个人都希望能像爱因斯坦一样拥有天才般的头脑,像达·芬奇一样博学多才,像居里夫人一样坚持不懈,像达尔文一样亲近大自然,或者像伏尔泰一样出口成章。

这并不容易,但也不是绝无可能。要学习这些天才身上的优秀品质,我们要迈出的第一步便是了解他们的人生经历和卓越成果。

本书正是为此而创作的。书中的故事告诉大家,这些伟人也曾是像我们一样的少年。他们才华横溢,意气风发,沉醉于自己的事业,脚踏实地而坚持不懈,甚至带着些许痴狂。

他们最终如愿以偿,成为了自己想成为的人。也许他们受到了幸运女神的眷顾,但更多的还得归功于他们非凡的灵感。改变历史进程、改变艺术和科学发展轨迹的正是那些或大或小的奇思妙想,其中一些启迪了我们的心智,另一些让我们的生活变得更加幸福美满,这些奇思妙想至今仍令我们赞不绝口。这本百科全书收录了他们的众多创见,希望能给读者以启迪。

愿智慧之光充满人间!

卢卡·诺韦利

**阿尔伯特·爱因斯坦
（1879—1955）**

物理学家、哲学家。生于德国，曾在瑞士和美国生活。他的奇思妙想改变了我们对时间和空间的认识，但他自认为是一个再平凡不过的普通人。

灵感的代言人

在这本书中,陪伴你们的是阿尔伯特·爱因斯坦(实际上是另一个版本的他)。如果要给这位天才下个定义的话,他是现代物理学之父、相对论的创立者,还是小提琴演奏家、帆船运动爱好者以及幽默大师。阿尔伯特叔叔是大家的好朋友!

对于书中这一幕幕天才的灵感迸发的故事,由爱因斯坦做向导并给出画外音是再合适不过的了。

灵感：它们是什么，它们从哪里来？

灵感是大脑中突然迸发的创造性思路，它可以让人创造出前所未有的东西，巧妙地解决问题，或者从困境中脱身。

灵感在头脑中形成的画面，来源于我们感官收集的信息，包括我们的记忆和我们的潜意识——也就是我们无法控制的大脑活动。甚至在睡觉时，大脑也在创造梦境。

灵感与梦有同样的起源吗？

对于有些人来说是的。如果人们还有问题没解决就上床睡觉，醒来以后可能会想到解决方法，甚至会意外产生灵感。率先研究这种人无法控制的大脑活动的人是西格蒙得·弗洛伊德（1856—1939），他是精神分析学之父，也是潜意识的第一位探索者。

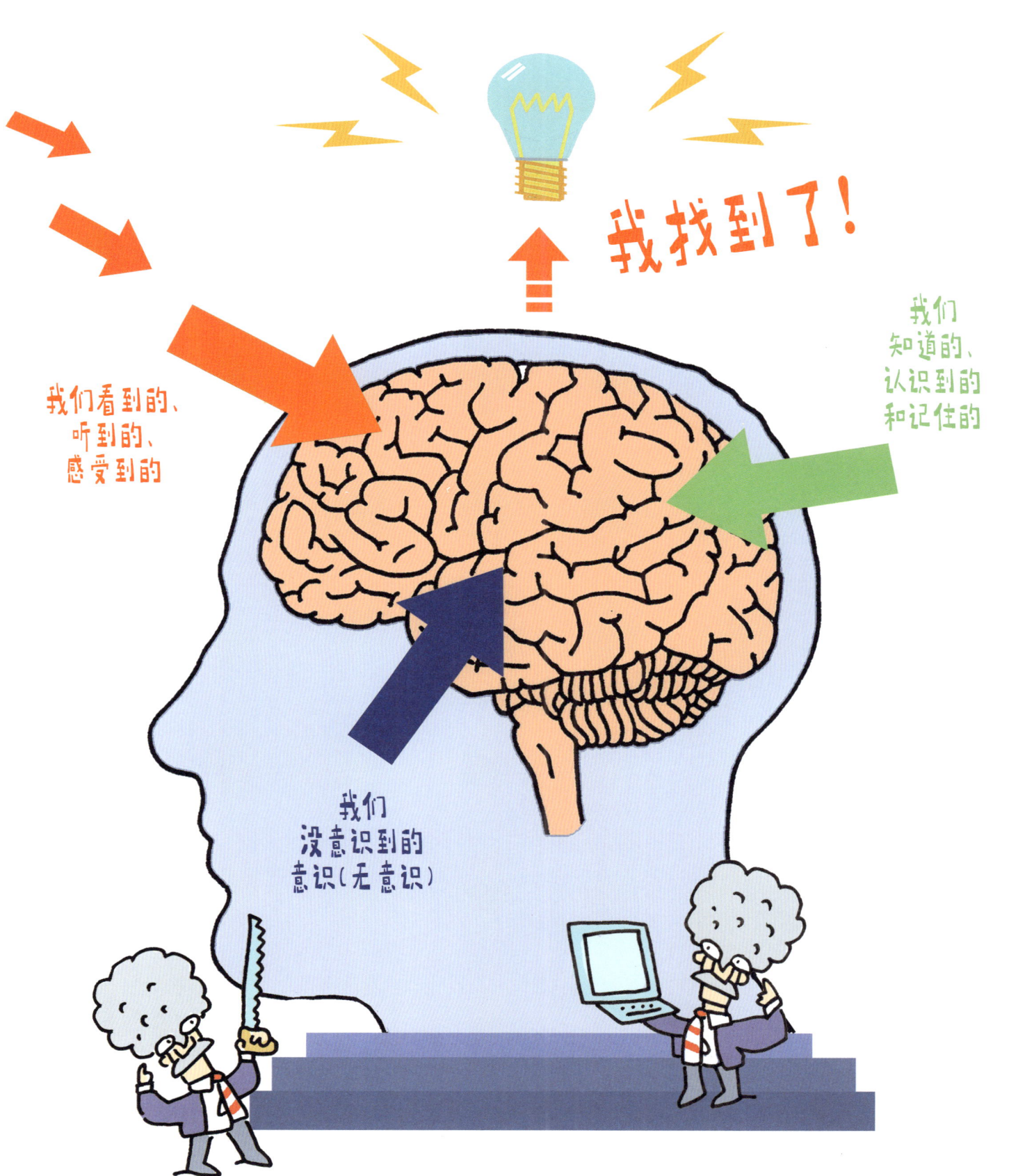

智慧树

人的灵感，甚至一些伟大的灵感，都是在以前的灵感的基础上诞生和发展的，就像珊瑚礁一点点堆积起来那样。

如果没有火，我们绝不可能发明炸薯条。

如果没有电磁波的发现，我们就不会有电话和电视。

如果没有晶体管，我们也不会有电脑。

如果没有显微镜，巴斯德将永远不会发现使葡萄酒和啤酒发酵的酵母。

如果没有伏打电池，爱迪生也不会发明白炽灯。

如果没有美洲新大陆的发现，没有人能把番茄带到欧洲，也没有人能发明比萨。

我们现在以及未来灵感的诞生，都需要仰仗前人的智慧。

柏拉图（前427—前347）

柏拉图生活在公元前5世纪的雅典。在他看来，一切都诞生于灵感，也包括物质。他认为，即使是想法，甚至那些我们觉得是全新的灵感，都是我们灵魂的一部分，我们只需要……回忆起它们。经验会帮助我们回忆起它们。

女性的奇思妙想

在有关灵感的故事里,很少出现女性的身影。这并不意味着,古代女性无法成为艺术家、哲学家或科学家,更不代表她们没有智慧的闪光点。实际上,在2400年前的柏拉图时代,即使是在文明程度很高的雅典城,男性公民的平均年龄也只有30岁。至于女性公民……平均年龄只有23岁!在这个年龄,一位少女可能已经是好几个孩子的妈妈了,研究天文学或数学的可能性微乎其微,更不可能投身于雕塑或者绘画了。

在接下来的几个世纪里,女性的境遇得以缓慢地改善。然而,只有在最近一个世纪,女性才得到了受高等教育的机会(而且并不是每个国家的高等教育都向女性敞开大门),女性才可以自由地选择艺术和科学领域的职业。

然而,在历史的长河中也不乏例外:生活在1600年前的希帕蒂亚是亚历山大图书馆的馆长,也是一位传奇的女科学家;希尔德加德也是如此,她是中世纪时期德国的一名修女,一生功绩非凡,被教会封为圣人。

亚历山大的希帕蒂亚
(约370—约415),
古罗马女数学家、天文学家。

希尔德加德·冯·宾根
(1098—1179),
中世纪德国神学家、博物学家、宇宙论学者。

一位成功的女画家

阿尔泰米西娅·真蒂莱斯基是一位艺术天才,由于她在绘画方面的杰出表现,她被视作是米开朗琪罗的"追随者"。她生于1593年,曾在罗马、佛罗伦萨、那不勒斯和伦敦生活过。

《自画像》,现为英国皇家收藏

玛丽·居里(1867—1934)与女儿伊雷娜(1897—1956)。二人在探究放射性物质。

索菲娅·柯瓦列夫斯卡娅(1850—1891),俄国女数学家,她是世界上第一位在大学教数学的女性教授。

罗莎琳德·富兰克林(1920—1958),英国物理化学家,DNA的发现归功于她。

20世纪伊始,男性在科学界的垄断地位被终结:玛丽·居里1903年与丈夫皮埃尔·居里和贝可勒尔共获诺贝尔物理学奖,在科学界为女性赢得了一席之地。在她之后,越来越多优秀的女科学家不断涌现,如罗莎琳德·富兰克林、芭芭拉·麦克林托克、戴安·福西、丽塔·列维·蒙塔尔奇尼……

仔细想想,这并不是什么彻头彻尾的新鲜事。10000年前,人类处于母权制时期,女性的权力和知识都远远超过男性,保证部落繁衍延续的是女性,尝试草药、研究药方的也是女性。《圣经》里第一个摘下"智慧之果"的人并不是生性愚钝的男子亚当,而是天性好奇、灵巧敏捷的女性夏娃,这并不是巧合。在当今社会,女性的决心和信念越发坚定,她们正在重整旗鼓。

戴安·福西(1932—1985),美国动物学家,山地大猩猩研究者。

历史上第一位女程序员

埃达·洛夫莱斯(1815—1852),英国数学家,信息技术之母。她预见到计算机将拥有广泛的用途,美国国防部使用的编程语言命名为"Ada",正是为了纪念她。

各个领域的奇思妙想

如果没有灵感,我们人类这一物种就不能自称为智人。人类将与其他物种无异,成为恶劣天气、气候变化、寄生虫、大型掠食者的受害者。

我们所熟知的世界将不复存在。

没有电,也就没有电脑、电视、书籍,更别提网站、内衣和炸薯条。

我们也不会有《伊利昂纪》和《奥德修纪》,甚至连莎士比亚的悲剧、莫扎特与披头士乐队的音乐、达·芬奇的《蒙娜丽莎》以及毕加索的《格尔尼卡》都不会出现。绘画、音乐、电影和诗歌都仰仗灵感的迸发!

《蒙娜丽莎》,
达·芬奇最著名的作品

莫扎特,
音乐史上最伟大的天才作曲家之一

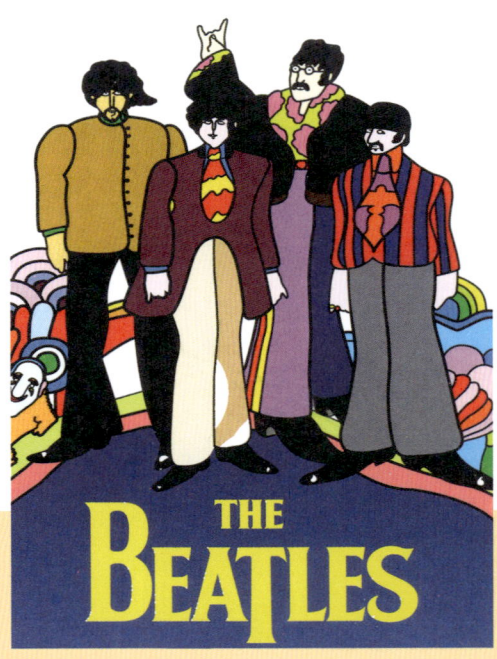

披头士乐队,
20世纪的杰出乐队

这本百科全书概述了那些启迪思想的灵感,从10000年前的"爸爸的发现",到2050年的火星移民计划。

有些灵感改变了历史进程,改变了人们的生活质量,甚至改变了数以百万计的人的命运。其实,每个人都会有灵感,重要的是灵感有价值!

有时候,灵感是突然迸发的,但在大多数情况下,它只在勤奋地钻研与努力之后才会出现,并且需要一定的天赋。

灵感的迸发无迹可寻,但可以肯定的是,在某些环境下它更容易出现。知识越丰富,你越有可能拥有它。你认识和交往的天才人物越多——比如本书接下来提到的那些人,你越可能拥有灵感。

画家毕加索所绘《格尔尼卡》

改变世界的奇思妙想

有些灵感只帮助了周围的人,然而有些灵感却改变了成千上万人的生活,还能造福千秋万代……

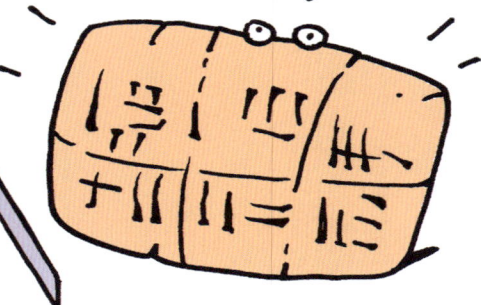

公元前3000年

苏美尔人在泥版上刻字

有人说,苏美尔人的灵感开创了新的历史时代。实际上,对于他们来说,要记住所有的东西实在太累了,所以他们发明了楔形文字!

公元前2000年

喜克索人将轮子装在战车上

轮子以前就存在,但只用于挪动做陶器的陶车。喜克索人第一次将轮子装在了他们的战车上,他们乘坐着双轮战车征服了古埃及以及周边地区。喜克索人想象不到的是,有朝一日,全世界都将在双轮或四轮上移动。

公元682年

中国人发明了火药

火药最早是由中国的炼丹家在炼丹过程中发明的,后来被用于烟花及武器。传入西方以后,用火药填充大炮的军队变得战无不胜。

改变世界的奇思妙想

公元 628 年

印度人布拉马古普塔引入了数字"0"

发明"0"看起来是一件毫无意义的事,毕竟"0"就意味着没有。事实上,有了"0",我们仅用 10 个数字就可以写出任意 1 个数字,并能进行一切运算。"0"是计算机和机器人系统运算的基础,"0"的发明促进了科学的发展。

1831 年

法拉第将动能转化为电能

电能可以产生动能,反之亦然。也就是说,动能可以产生电能。发电机和电动机的发明正是在这一理论的基础上实现的,我们每天消耗的能源也与它密不可分。

1991 年

蒂姆·伯纳斯-李开发了超文本传输协议(HTTP)

蒂姆·伯纳斯-李是英国计算机科学家,欧洲核研究组织(CERN)研究员。他创立的超文本传输协议(HTTP)能使全世界的电脑都能读取超文本服务器上的 HTML 文件。最早的超文本系统仅供研究人员的电脑读取这些文件,但是伯纳斯-李的设想使得所有互联的计算机都能读取它们,由此诞生了万维网。如今,它在互联网上被所有人使用,世界与以往大为不同。

改变世界的奇思妙想

爱迪生成功发明了电灯泡

"我叫托马斯·阿尔瓦·爱迪生,你们叫我阿尔就可以,朋友们都这么叫我。我是这一系列灵感故事中的首位登场者。为什么呢?

在我的一生中,我发明了很多东西:从会说话的娃娃到电动汽车,但最重要的是,我发明了能应用于生活的白炽灯泡。是的,我知道你们要打发它退休了,但是在它出现之前,夜晚一片黑暗,只有灯笼和煤气灯可以照明。家里和街上都没有电,洗衣机和吸尘器只存在于科幻小说里。是我想出了这个能带来光明的灵感。当后人的头脑中迸发出灵感的时候,他们的头顶都有一只灯泡,那只灯泡就是我发明的!"

爱迪生(1847—1931),在美国,他名下拥有1093项专利:破了纪录!

天才的办法

之前有许多发明家都试图制造出不会立即烧毁灯丝的灯泡,但只有爱迪生坚持不懈地研究并获得了成功。

实际上,他解决问题的时候并不是独自工作的,他成立了一个研究小组(一个团队),最后产生了灵感。

改变世界的奇思妙想

2014年

三名科学家因发明了蓝色发光二极管（蓝光LED）而获得诺贝尔物理学奖

发光二极管（LED）是一种能发光的半导体电子元件，它利用某些材料的特性，在弱电流通过时发光。第一个LED是由尼克·霍洛尼亚克在1962年发明的，当时他在通用电气公司工作。第一个可见光发光二极管只能发出红光，使用的范围十分有限。

随着蓝光LED的发明、应用，现在已经可以制造出白光以及各种颜色的灯光，并被广泛应用于实际生活。从电视机到路灯，都在使用LED。由于这一历史性的创新成果，2014年，赤崎勇、天野浩和日裔美国人中村修二共同获得了诺贝尔物理学奖。

赤崎勇、天野浩和中村修二

我下岗啦！
在光荣服役了130多年后！

电灯泡的变化

2012年，欧洲联盟（简称欧盟）禁止销售白炽灯，世界其他国家也采取了类似的举措。白炽灯电能的转化率太低，耗能过大，现如今它们已经不再是可持续发展的了，正逐渐被LED取代。在未来几十年内，白炽灯泡会全部消失。

15

改变世界的奇思妙想

200万年前

火的真实历史

" 子孙后代你们好！我是你们的祖先，那个拥有天才的灵感，在熊熊燃烧的森林面前没有逃跑的人。我手里拿着一根燃烧的小树枝，却没有烧到自己的手。是我第一个用干树叶和小块木头让火焰烧起来的，我像喂一只小鬣狗一样照顾小火苗。

我把火介绍给了部落里的其他人，大家从此把它视作一种资源，而不是危险。从那以后，大家用火烤蜥蜴吃，用火在夜间取暖。我是匠人①，但总有人把我和其他亲戚搞混，还叫我'直立人'。"

脑子的大小不重要，重要的是怎么使用！

匠人的一面之词！

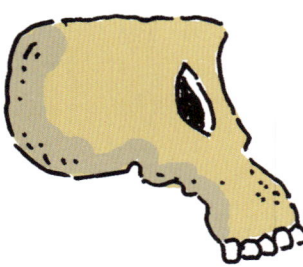

" 是我在200万年前发现了火，不是你们这些21世纪的智人②，你们如果独自待在大草原上，连一晚上都活不下来。现在，大的猫科动物都怕我们，离我们的篝火远远的。多亏了这项创新，我们可以点燃树丛，把食草动物成群结队地赶到更容易被我们捕获的地方。我们可以度过最寒冷的冬天，也可以迁移到北半球和东半球。

在这个星球上繁衍生息数百万年之后，我们将会灭绝，正如已经灭绝的或即将灭绝的、我们的和你们的表兄弟一样。你们说，我们的大脑容量不够大——你们的脑容量有1200毫升，我们的大脑容量只有800毫升。但你们小心点，别太趾高气扬，灵感是永远都不够的！"

① 匠人：早期直立人，大约190万年前出现于非洲。体质特征与直立人相似，但因其有高而圆的颅骨、较薄的头骨壁、缺乏矢状嵴和较小的牙齿而被一些古人类学家命名为独立的种，并被视为后来人属的祖先。——译者注

② 智人：学名为Homo sapiens，现指真正的现代人类，约在100万年前由匠人演化而来。——译者注

③ 更新世：第四纪的第一个世，延续时间自258万年前始到1.1万年前结束。因当时生物群面貌基本更新，已有95%以上与现今的相似，故名。人类也在这一时期出现。——译者注

匠人的其他灵感

- 慢跑：匠人有赛跑者般健壮的体格。
- 交流：匠人使用一种原始的语言。
- 更新世③的新式烹饪：匠人会烹饪肉类，烤根茎类植物及蔬菜。

改变世界的奇思妙想

10000 年前

"爸爸"的发现

"大家好,我是柳芽,我已经度过了十三个春天。我属于蓝湖部落。我们大母神说,我凭借灵感揭示了大自然的秘密,但这却将毁灭我们的部落。

我不相信,但是很多事情肯定会改变。我们一直认为,是伟大的大母神在启蒙仪式上赐予了女性神奇的生育能力。于是,这一仪式一代代延续下去。为了获得这一能力,人们为她献上食物、草药和礼物。孩子的诞生使得部落更加强大。在我们这里,男子外出打猎,女子饲养牲畜。只有我意识到,没有男性的时候,女性就不再生育了,更别说产生母乳了。这是一场灾难!我注意到,一个群体里至少要有一个成年男性,这样,女子才可以生育和产生母乳。我发现了雄性的作用,不仅仅是驯鹿、马鹿和山羊,也包括人!在我之前,没有人会把男女同床和九个月以后婴儿的诞生联系起来!这是一个了不起的发现,但这也意味着大母神神秘力量的终结。我只希望,我们部落的男人发现了这个秘密之后,不要太自我膨胀!"

母权制的终结

在新石器时代早期,女性是部落中最重要的角色,女人掌握知识。正是在这一时期,人们为大母神和生育女神铸造了许多肥臀塑像。

随着生产力的发展,男性逐渐夺回他们的权力以及在家庭中的主导地位。就这样,母权制氏族公社(由母亲掌握权力)结束,父权制氏族公社(由父亲掌握权力)开始,并持续了数千年。事实上,在一些民族和国家,父权制仍然以某些形式存在。

历史领域的奇思妙想

历史是什么时候开始的？我们的祖先是谁？许久以来，没有人提出过这类问题。然后，天才的灵感出现了……

希罗多德游历埃及

对于古希腊人来说，人类历史是在特洛伊战争不久前才开始的。然而，一个名叫希罗多德的古希腊历史学家来到埃及游览，他惊讶地发现，金字塔在他出生之前2000年就建成了，也就是距今4500年！古希腊人发现，在他们之前，地球上曾经生活过其他文明程度极高的民族，这令他们颇为难堪。

公元前450年

1500年

奇里亚科·丹科纳创立考古学

在很长一段时间里，根本没人关注古代文明的遗址、遗迹。大约在1500年，古罗马的寺庙和宫殿被用作建造新建筑的采石场。为了制生石灰，大量雕像和大理石被打碎。这是一位名叫奇里亚科的旅行家和文物研究者讲述的。在文艺复兴时期，他创立了我们现在称之为考古学的学科。奇里亚科将古埃及的文物带到西方，并向世人揭示了古希腊和古罗马时代文物的价值。他尽自己最大努力保护文物。

历史领域的奇思妙想

1650年

詹姆斯·厄谢尔出版《世界编年史》（Annalium Pars Posterior）

长久以来，人们所了解的人类的历史及地球的历史都很短暂。根据爱尔兰天主教会大主教厄谢尔的说法，地球仅有6000岁，这一结论被他同时代的大部分人所接受。他以自己的方式解读了《圣经》，推断出宇宙是在公元前4004年10月23日上午被创造出来的。几天之后，人类也被创造出来。

1748年

开始发掘赫库兰尼姆和庞贝古城遗址

1748年，两个非同寻常地消失了的城市——赫库兰尼姆和庞贝开始重见天日。公元79年，它们被维苏威火山爆发时喷发的火山灰所埋葬。图书馆管理员、古董收藏家约翰·约阿希姆·温克尔曼参与了发掘工作。温克尔曼将文学作品中的记载与考古发现进行了比对，就这样，那段历史开始成形。

1994年

哥贝克力遗址中发现了一座12500年前建造的神殿

这座神殿位于土耳其，离叙利亚的边境不远。这是迄今为止发现的最古老的寺庙，它的发现表明，历史远比我们想象的要漫长而复杂。更有可能的是，将来还会有更多的惊喜发现！

历史领域的奇思妙想

不可能存在的城市

"大家好,我叫谢里曼。也许我的名字对你们来说并不意味着什么,但是我向你们保证,在我那个时代,我的名字曾经震撼了无数考古学家和正统派的学者。我是一个考古学外行,曾当过杂货铺学徒,也是冒险家、商人,但我也是19世纪最非同凡响的考古学发现的缔造者!大家都说特洛伊城已经消失,甚至从未存在过。人们认为,特洛伊只是一个名叫荷马的诗人幻想出来的。相反,我找到了她,并将她展示在整个世界面前!

在此之前,我经历了许多。

我驾着雪橇在俄国莫斯科的大街小巷穿行;我骑着马穿越阿拉伯的荒漠;在试图移民到委内瑞拉的时候,我在荷兰的海岸边遭遇海难;我在美国加利福尼亚州买卖金粉,并成功逃出了圣弗朗西斯科的火灾;我在萨克拉门托开了一家银行;后来我回到了欧洲;我游历了中国和日本;在克里米亚战争期间,我为沙皇的军队提供军事补给;我爱上了俄国的卡捷琳娜,她成为我第一位妻子;后来我又娶了索菲娅,她陪伴我历经最后的几次冒险。我会说七种语言,包括阿拉伯语。

我变得非常富有,但我放弃了所有的生意和工作,只为了实现儿时的梦想:找到曾属于赫克托尔和普里阿摩斯的、因为木马计而被攻陷的特洛伊城。"

历史领域的奇思妙想

" 我开始研究考古学。我参观了欧洲所有的博物馆,阅读了一切典籍,以及那些著名旅行家的著作。我查阅了古代地图和现代地图。尤为重要的是,我仔细阅读了荷马的《伊利昂纪》。最后,在土耳其海岸的达达尼尔海峡入口处,我组织了一次考古挖掘。就这样,我找到了她——特洛伊城。实际上,我发现了九座城,每一座都叠在另一座之上。那座最古老的城就是特洛伊,《伊利昂纪》中英雄们争夺的城市。在城墙下埋着特洛伊王普里阿摩斯的宝藏:武器、花瓶和数不清的珍宝。我妻子戴上了最珍贵的珠宝,但我寻找的并不是珠宝。我只想找到那个古老世界所留下的痕迹。在那个遥远的世界,奥林匹斯诸神和凡人曾与我们生活在同一片天空下。"

谢里曼(1822—1890)

1822年1月6日,谢里曼出生于德国东北部一个叫新布科的小村庄。在他小时候,父亲送给他一本关于特洛伊战争的儿童读物,里面的插图让他深感震撼。他下定决心要去寻找这座古城。四十年后,尽管考古学界的知名专家都对他能否找到特洛伊持有怀疑态度,但出乎所有人的意料,他真的找到了。由于他忽视了耳部疾病的并发症,1890年,他在那不勒斯去世。在他去世前,他又有了一个新的梦想:循着埃及象形文字中包含的线索找到神秘的亚特兰蒂斯!

历史领域的奇思妙想

放射性碳博士

"大家好,我叫威拉德·利比,我的名字总与放射性联系起来,不管是天然的还是非天然的射线。我的父母都是美国科罗拉多州的农民,我在加利福尼亚大学伯克利分校学习物理,毕业后在这里任教,并相继在美国其他高校任教。在第二次世界大战期间,我参加了'曼哈顿计划',通俗地说,就是第一颗原子弹的研发项目。在冷战期间,我进行了多次核试验,见证过许多原子弹的爆炸,它们就发生在离我几千米远的地方。

我的同事总拿我开玩笑,就因为我为自己和家人建了一个防核避难所。这个避难所没发挥什么作用,建成后几周就被烧毁了。在研究这些可怕的武器时,我发现每天辐射地球的宇宙射线在撞击大气层时会产生天然放射性同位素。其中之一是碳-14,或称放射性碳。植物进行光合作用吸入大气层中的二氧化碳(CO_2),然后被动物进食,由此所有生物都吸收了大自然中的放射性碳。"

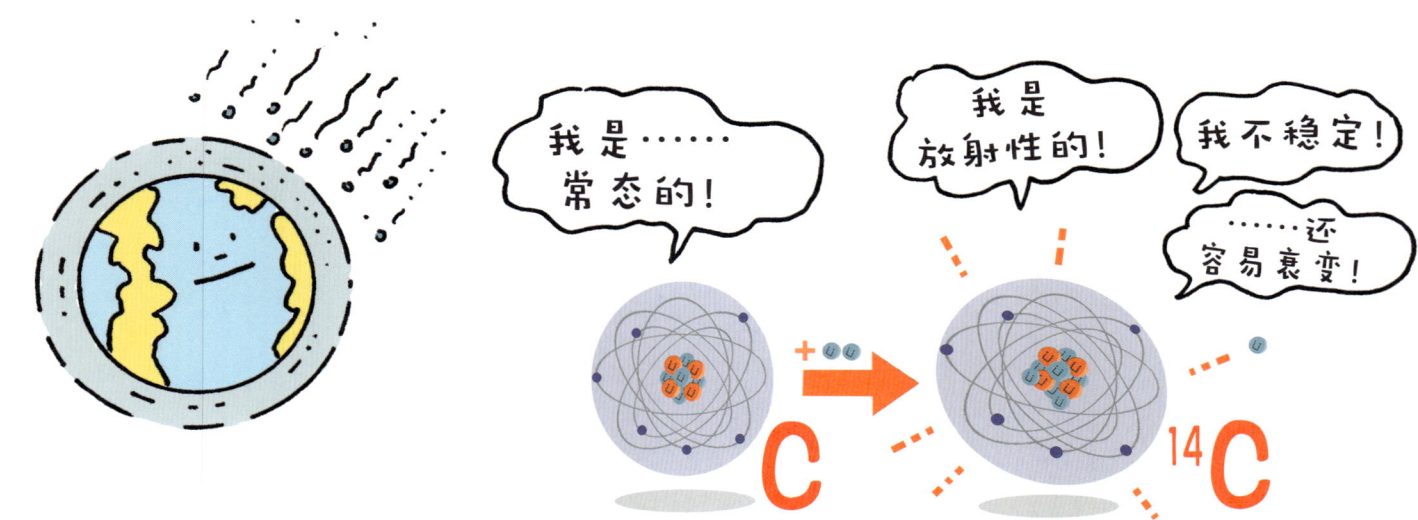

历史领域的奇思妙想

"碳-14与不具有放射性的稳定碳元素最终会一起进入叶片、木头、肌体组织和骨骼中。但当有机体死亡时,它们与大气层中的碳元素的交流便结束了,碳-14的含量由于放射性衰变而慢慢减少,有机体内的碳元素逐渐恢复为稳定的碳元素。我的灵感正是由此而来:我们知道每过5730年,放射性碳的百分比含量会减半,并且会以恒定的速率减少,由此可以确定一个有机体死亡了多长时间。"

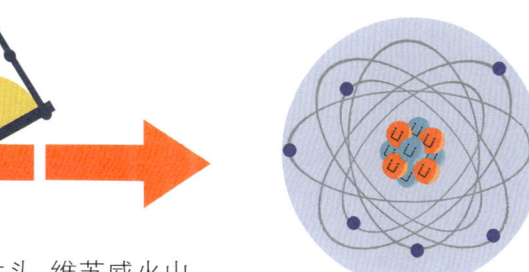

"在实践中,人们可以由此测定任何6万年内的、曾是有机物的考古文物的年代!这种方法适用于法老的陪葬船船身的木头、维苏威火山爆发后埋藏在庞贝城里的面包片,以及其他诸如此类的情况。这为考古学开辟了一个新世界:只要找到一块被埋葬的士兵的骨骼,甚至只是一粒种子或一块木头,就可以重构他所处的时代和他的故事!"

威拉德·利比
(1908—1980)

他的放射性碳定年技术为全世界的考古学家、人类学家和科学家提供了不可或缺的工具。为了表彰他的发现,他在1960年被授予诺贝尔化学奖。

艺术与设计领域的奇思妙想

艺术是一个广阔的领域,没有灵感就没有任何创作。尼安德特人已经是相当优秀的艺术家,然后,又出现了我们这个物种……

16000 年前

法国无名艺术家绘制拉斯科岩洞壁画

智人的第一个灵感:他们在居住的洞穴的墙壁上,用黏土、红赭石和黄赭石绘制壁画。

公元前 4000 年

古埃及人为法老画像

这些饱经岁月的雕塑和绘画风格鲜明。

公元前 5 世纪

古希腊艺术成为"经典"

古希腊青铜器和雕塑达到了前所未有的完美程度。在未来几个世纪,古希腊艺术仍将是平衡与和谐的典范。

艺术与设计领域的奇思妙想

公元前 2 世纪

中国建成了规模宏大的兵马俑

这一工程是在秦始皇的强烈要求下修建的。在他死后的世界,兵马俑一直陪伴着他。直到 1974 年,兵马俑遗址才被发现。

文艺复兴时期产生了透视法

15 世纪

画中景物以空间深度变化的方式呈现出来,更加贴近现实。

17 世纪

卡拉瓦乔在绘画中运用光线

他将明暗对照画法引入绘画。

1962 年

波普艺术诞生

安迪·沃霍尔用他的番茄汤证明,即使只有一个罐头瓶子,你也可以创造艺术。

艺术与设计领域的奇思妙想

1300年

乔托与现代绘画

"肃静！你们现在身处阿西西大教堂。你们不能打扰我的学生，尤其不能打扰我——乔托。我出生于1267年，但我要求得到应有的尊重，不仅是因为我的岁数。为了纪念我，你们将编号7367的小行星以我的名字命名，水星表面的一个环形山也被冠以我的名字。你们甚至把一艘飞入太空近距离观测哈雷彗星的探测器也命名为'乔托'号。谢谢！"

"在你们的时代，每个人都可以欣赏到我的作品——那些绘在宏伟的教堂墙壁上的画作，连那座宏伟的佛罗伦萨钟楼也是我设计的。他们说，我用我的画作彻底改变了西方艺术的历史。过去，绘画中的人物和风景就像拜占庭艺术中的马赛克一样平面化，而我赋予了它们立体形状和空间感。现在请你们保持安静，我们正在绘制一系列讲述圣方济各的故事的壁画。"

艺术与设计领域的奇思妙想

乔托（1267—1337）

乔托出生于离佛罗伦萨不远的一个山区。他是绘画大师，也是一位杰出的建筑师。乔托的父母都是农民，他本人其貌不扬。他与妻子养育了四个儿子和四个女儿。小时候，他是一个牧羊少年，晚年他和那不勒斯王国国王罗伯特成为好朋友。他的作品包括宏伟壮观的佛罗伦萨钟楼，以及图片里展示的一系列名为《圣方济各接受圣痕》的木版画（现存于巴黎卢浮宫）。

完美的圆圈

关于这位著名艺术家的趣事在历史上并没有得到证实，但是很多编年史学家和艺术评论家都是这样讲述的（如果它不完全是真的，也差不多是真的）：有一天，教皇卜尼法斯八世的使者来到了乔托的工作室。像对待其他画家一样，使者向乔托索要他最好的画作。使者会将收集到的所有作品带给教皇，教皇从中选择一位最优秀的画家，将装饰圣彼得大教堂和圣乔瓦尼大教堂的任务委托给他。

乔托不慌不忙，他拿出一张大纸，将画刷浸入红色的颜料桶里，画了一个完美的圆圈。乔托把它交给信使，让信使带给教皇。这个简单却完美的圆让卜尼法斯八世感到十分满意。他邀请乔托到罗马工作，并以礼相待。

艺术与设计领域的奇思妙想

1504年

米开朗琪罗的"粉末"

"我是米开朗琪罗·博纳罗蒂,你们的仆人。这只不过是说说罢了,我可不是任何人的仆人,更不用说教皇和红衣主教了。我的灵感?那可多了去了。仔细看看我的作品,它们全都是灵感的成果:从西斯廷礼拜堂的壁画到梵蒂冈的《圣殇》,有些作品甚至让我的朋友兼对手达·芬奇心生嫉妒,忍不住对我进行抨击。我的作品包括大理石雕塑、壁画、绘画,还有教堂和宫殿等建筑。甚至,我所处的时代最大的穹顶——圣彼得大教堂的穹顶,也是我的杰作。

我最想讲给你们听的灵感故事?它并不是一件艺术作品,而是一件小杰作,与另一件更伟大的杰作有关的……

当时我刚完成《大卫》这尊五米多高的大理石雕像,它描绘了《圣经》里的年轻英雄大卫,是他用投石弹弓打倒了巨人歌利亚。对我来说,这尊雕像已经完成了,非常完美,但就在这时,那个讨厌的共和国行政长官,皮耶罗·索代里尼来拜访我。他看着我的《大卫》,绕着它转了几圈,然后说:'不错,很好看,但是鼻子太大了,不成比例啊。'

我心想:'这家伙真令人无语!'我悄悄抓了一把大理石粉末,然后拿着凿子和斧子,爬到了四米高的地方。"

"我假装凿了几下雕像的鼻子,同时让手中的大理石粉末缓缓落到索代里尼的头上。他看起来非常开心。

'阁下,您觉得怎么样?'我问道。

'现在完美了,米开朗琪罗先生。'"

《大卫》雕像,于1504年被交付给佛罗伦萨。

艺术与设计领域的奇思妙想

米开朗琪罗·博纳罗蒂(1475—1564)

雕塑家、画家、建筑师。意大利文艺复兴时期的代表人物之一。1475年，米开朗琪罗出生于阿雷佐的一个小村庄卡普雷塞，他的父亲是当地的行政长官。他被一位石匠的妻子哺育长大，他的童年是在石匠的铺子里度过的。他放弃了父亲所期望的军人职业或者教会职业，在工匠的工作室里学习艺术。25岁时，他进入了洛伦佐·德·美第奇的宫廷。他与洛伦佐的儿子们，未来的教皇利奥十世和克莱门特七世的年龄相仿。受教皇的委托，他在西斯廷礼拜堂后方墙壁上绘制了那幅著名的壁画《最后的审判》，并设计了圣彼得大教堂的圆顶。他的作品中，有一座用雪雕成的赫拉克勒斯像，那是1494年佛罗伦萨下了一场前所未有的大雪之后米开朗琪罗创作的。这座雕像只存在了八天。

由米开朗琪罗设计的圣彼得大教堂的圆顶。

阅读领域的奇思妙想

人类一直都在讲故事，但为了使故事引人入胜，永久流传下去，人们至少得有一点儿灵感迸发……

历史上第一部史诗

《吉尔伽美什史诗》讲述了在大洪水中幸存下来的超级英雄吉尔伽美什的冒险经历。不管是传说还是史实，这个故事被刻在泥版上，一直流传下来。

公元前2500年

公元前1000年

在中国，《易经》开始传播

这是一部连哲学家孔子也十分欣赏的古代思想汇编。今天，仍然有人用这本书预测未来。

> 无限之光穿越星辰之孔而来。

多么了不起的故事啊！

公元前750年

所有希腊人都熟知的《伊利昂纪》与《奥德修纪》

长久以来，这两部史诗（统称为"荷马史诗"）被人们口口相传。

阅读领域的奇思妙想

公元前400年
《圣经》成书
犹太教和基督教的《圣经》仍然是世界上阅读最广泛的书籍。

1605年
塞万提斯出版了《堂吉诃德》
即使在21世纪，西班牙史上最伟大的作家笔下的人物仍然现代感十足，令人喜爱。

公元前350年
印度史诗《罗摩衍那》在棕榈叶上写就
这部史诗讲述了罗摩王子的传奇，它是印度教的圣书之一。它甚至是一部数百万印度人为之着迷的电视连续剧的灵感来源。

1623年
莎士比亚的第一部作品集出版
无论现在还是将来，他的著作始终是文学创作的灵感源泉。

阅读领域的奇思妙想

公元前700年

荷马的英雄史诗

"我是荷马,我是一名作家、诗人及吟游歌手。我将3200年前关于希腊人与特洛伊人之间的战争的美丽传说改成了诗句。我失明了,但这不是个问题,因为我连一行诗都没写过。我凭着记忆歌唱,伴着琴声的旋律,我讲故事。在我之后的许多吟游诗人都这样做,他们将我的诗歌代代相传。直到2400年前,希腊人开始使用书面文字,《伊利昂纪》与《奥德修纪》成书了。这是他们的功劳。"

"之后,我的诗歌被抄来抄去无数次,直到人们发明了印刷术。我的史诗传到你们这一代,变成了视频、电影、漫画,甚至电子游戏。诗歌里包罗万象:英雄、怪兽、奥林匹斯众神以及人世间的一切……"

《特洛伊》,第一部历史题材的大制作电影

这部电影用了无数群众演员及众多明星演员,讲述了特洛伊战争的最后阶段以及古希腊英雄阿喀琉斯的愤怒。

阅读领域的奇思妙想

> 在《奥德修纪》中,我讲述了主人公奥德修斯的返乡之旅。他凭借天才的灵感帮助希腊军队打赢了特洛伊战争:把木马运到城中正是他的主意。夜里,他和他的同伴从木马肚子中钻出来,为希腊军队打开了城门。
>
> 整个故事充满了精彩绝伦的灵感。比如奥德修斯被独眼巨人波吕斐摩斯抓住的时候,他谎称自己的名字是'无人',并趁独眼巨人睡着时刺瞎了他的独眼。

> 当其他独眼巨人问波吕斐摩斯是谁弄瞎他的时候,他只能回答'无人'。就这样,奥德修斯和他的同伴们得救了。

《奥德修纪》,一段永无止境的旅程

奥德修斯想方设法逃离了女巫喀尔刻的魔法,他下到冥府游历了一番又回到了人间。他成功通过了海妖魅惑水手的海峡,又历经了无数磨难。

多亏了他的智慧,奥德修斯成功回到故乡伊萨卡岛,回到他心爱的妻子珀涅罗珀身边。他的冒险故事成为历史上最著名的游记。

但丁的旅程

1321年

欢迎来到地狱！
我的地狱！

"我是但丁，佛罗伦萨骑士，医生和药剂师行会成员。由于政治原因我被流放了。在我的故乡，我被指控为罪人，任何人都可以烧死我，毁坏我的财产和住所。但现在，我是举世瞩目的诗人，因为我写了有史以来最伟大的文学作品之一：《神曲》。"

"从1306年到1321年我四处流亡，在这段流亡岁月里，伴着烛光，我亲手写就了这部著作。它讲述了我在冥府三大王国——地狱、炼狱及天堂的一段幻想之旅。这段奇幻之旅最终带领我一窥上帝的真貌。我把我所知道的一切都融入其中：历史、科学、宇宙学、政治学，甚至炼金术，这些都是我那个时代所能获得的知识。

这本书立刻在评论界和普通大众中获得了巨大的成功，人们在教堂和贵族的宫殿中大声朗读它。但直到1472年，第一版才得以印刷。"

阅读领域的奇思妙想

"700年后,我的《神曲》仍然是畅销书。关于地狱,最为人熟知的东西仍然是我在中世纪创作出来的:那里有凶狠的怪兽以及种种刑罚与折磨。我很开心能把凶手、小偷和恶棍塞进地狱,并使他们遭受可怕的刑罚。我还描绘了炼狱和天堂。我必须承认,我觉得地狱的确塑造得不错。你们从中汲取灵感,创作了众多戏剧、电影、电视剧、漫画,以及描绘跳舞的天使与魔鬼的音乐剧。我估计在接下来的1000年里,我的《神曲》仍会大放异彩。"

这幅黑白图画是古斯塔夫·多雷的作品,他是一位杰出的插画家,曾为《神曲》绘制插图。

战争领域的奇思妙想

战争永远不是一个好主意。但从特洛伊木马开始,无数战争的结局都是由一些新发明或灵感所决定的……

公元前 5世纪

投石器

这是古希腊人的发明,亚历山大大帝也曾使用过它。能弹射出巨石与燃烧物的弹力绳是用马的鬃毛制成的。

你们有试着敲门吗?

我在马鞍上稳如泰山!

马镫

公元 150年

中国和印度开始使用马镫

几个世纪后,阿提拉(匈奴帝国领袖)和他的军队将马镫带到了欧洲,他们无人能挡。这听起来似乎是无稽之谈,但使用马镫可以使骑兵更加强大。

轰! 啪!

14世纪

热兵器使沉重的盔甲与古老的防御工事变得毫无用处

炸弹与大炮开启了现代战争。

战争领域的奇思妙想

1794 年 — 法国军队使用热气球

在弗勒吕斯战役中,士兵们可以从高处看到敌人的行动。

1941 年

雷达在马塔潘角海战中发挥了决定性作用

在之后的战争中,是否拥有雷达,结果大不相同。

2017 年 — 机器人和远程控制无人机在战场上战斗

但在战争中,仍然会像以前一样有人牺牲。

这并不是非凡的灵感

自 1945 年以来,世界强国在军火库中累积了数千枚核武器,目的是阻止对手使用核武器。这样一来,今天人类拥有的原子弹足够毁灭我们这个星球三次以上。

自发明火药以来,这是人类最愚蠢的想法!

世界上的 18000 枚原子弹

战争领域的奇思妙想

公元前338年

在古希腊，马其顿方阵出现在战场

"我是腓力二世！"

"我是马其顿国王腓力二世，在历史舞台中，我常作为亚历山大大帝的父亲出场。实际上，如果没有我的奇思妙想，我的儿子也不可能征服半个世界。我为我的步兵配备了一个可拆卸的6米长矛，它被称为'萨里沙长矛'（sarissa）。"

"长矛与士兵一起组成了马其顿方阵，这是一支训练有素的队伍，可以形成一面可以移动的'墙'，我那个时代的骑兵和任何其他军队都无法逾越。"

萨里沙长矛

"你们最好离我远点！"

"啊！"

"马其顿方阵击败了所有违抗我的意志的军队。我的儿子亚历山大在远征亚洲时也用到了这一方阵，他们一直进军到了印度河河口。"

"直到一个世纪之后，马其顿方阵才被罗马军团击败，我必须承认——罗马军团同样训练有素，而且更具移动性和灵活性！"

战争领域的奇思妙想

1810年

罐头食品进入战场

"我是尼古拉·阿佩尔,我是一名厨师、糕点师,也深深地崇拜着拿破仑。我对他的敬仰得到了回报:因为我发明了一种能使食物长期保存的方法,他奖赏给我12000法郎。我解决了行军中的食品供应问题,也成为了皇帝陛下军队的官方供应商。在我的工厂里,我把食物放在玻璃瓶里,抽干空气,密封,然后把玻璃瓶放在沸水里煮。在我的老乡——微生物学家巴斯德发现加热灭菌法之前的50年,我已经使用了这一技术!"

罐头食品

后来,英国人皮埃尔·杜兰德改善了阿佩尔的密封保存法,他用不易碎、更实用的金属圆罐来密封食物,先用钢,后来用锡。1853年,克里米亚战争期间,所有欧洲军队都配备了罐装肉和蔬菜浓汤作为伙食。只有一个问题:第一个开罐器的专利,是英国餐具制造商罗伯特·耶茨在3年后才获得的。

战争领域的奇思妙想

公元前214年

阿基米德用他的战争武器抵御罗马人

"野蛮人，你们好！欢迎来到叙拉古（西西里岛东南岸古城）。我是阿基米德，一名工程师、数学家和发明家。我非凡的发现历史上都有记载。你们知道这句话吗？'给我一个支点，我就能撬起整个地球。'这句话是我的原创！"

"我建造了水泵、水钟、乐器，以及古代最大的船——'叙拉古'号。当赫农王让我把船拖到水里时，我轻而易举地拖动了它。"

"就这样，当罗马人进攻我的城市时，我将他们阻挡在城门外，让他们无法前进。我发明了巧妙的战争武器，将他们拖了两年。罗马人进行了长期的围攻，最终才征服了叙拉古。"

摆动的巨石（大摇锤）

战争领域的奇思妙想

凸透镜

可移动的起重机

从海里伸出来的巨爪（盖船鹰爪）

尤里卡！尤里卡！

这是阿基米德的口头禅。它标志着一个新的灵感，或者说，一个新的发现的诞生。在希腊语中，它的意思正是："啊哈，我发现了！"阿基米德经常这样说，他不仅发明了战争武器，还找到了解决大量数学问题和实际问题的方法。比如，他发明了为"叙拉古"号底层舱抽水的螺旋式水泵，今天它也被称为阿基米德螺旋管。它可用于灌溉农作物，现在已不是由人力驱动，而是由电动机驱动。

健康领域的奇思妙想

医学是一门科学,但它过去并不是这样。医学能走到今天这一步,需要不少灵感。

几千年来,人们生病了,只能求助于举行奇特仪式的萨满巫师、巫医以及祭司。人们认为,每一种疾病都有一个神灵掌管,人们会向他祈祷或将他驱赶走。像苏美尔人,就有腹痛之神、头痛之神,等等。最初用来治病的药物是石头和草药,但它们不一定能治好病,因为没有人知道人体是如何运行的。

传统中医诞生

中国人是最早描述身体的。对他们来说,人体是一个微型宇宙。

中国上古时期

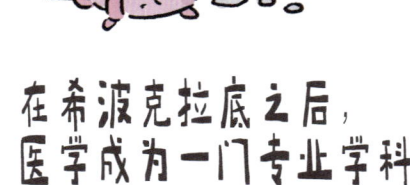

在希波克拉底之后,医学成为一门专业学科

古希腊的希波克拉底出身于医生世家,他是第一个将医学与巫术和迷信分离开来的人。

公元前400年

在古罗马帝国,盖伦是角斗士们的医生

盖伦研究了人体内部结构。

公元200年

健康领域的奇思妙想

公元650年 — 波斯医生拉齐提出注意卫生以及使用肥皂

这是保持健康的第一条准则。

布鲁塞尔的维萨里出版了第一本带插图的解剖学图书 — **1543年**

医生可以在了解人体内部结构的前提下治疗病人。

1628年 — 英国生理学家威廉·哈维解释了血液循环

动脉和静脉终于有意义了。

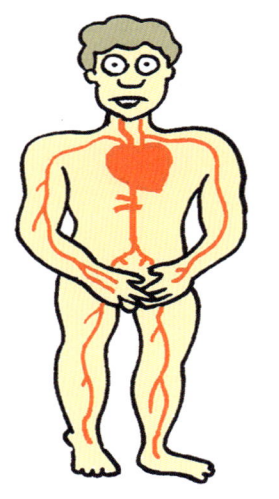

英国医生詹纳推广牛痘疫苗 — **1798年**

有了疫苗,人类可以防止传染病和瘟疫的传播。

2003年 — 人类基因组图谱得以完成

人类有希望在2050年攻克所有遗传疾病。

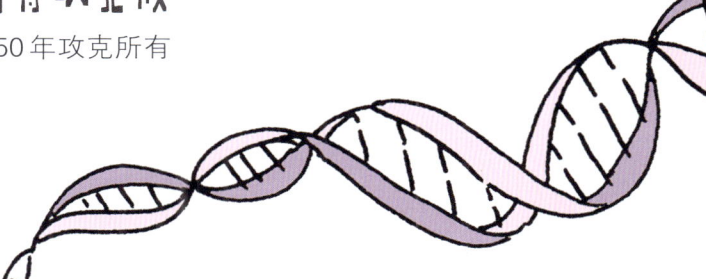

健康领域的奇思妙想

"微生物"的发现

" 我叫列文虎克,我是荷兰代尔夫特市前任政府内侍、葡萄酒质检员以及服装商人。"

" 正是最后这项工作(服装商人)让我对放大镜的用法逐渐熟悉起来,我要检查布料的质量,所以我自己造了一个很小但功能强大的放大镜。通过它,我看到了令人难以置信的东西:血细胞、精子、苍蝇眼睛的几千个平面,以及生活在污水坑里的生物群。它们的形状千奇百怪。如果没有我的镜片,没有人能看见它们。为了一睹微生物的真容,连俄国沙皇彼得大帝、普鲁士国王和伦敦皇家学会的代表也来拜访我——他们都不敢相信自己的眼睛。我是世界上最著名的业余科学爱好者。"

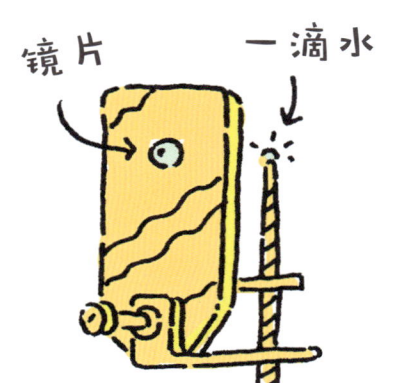

" 这就是我的显微镜,它的结构非常简单:把一个威尼斯玻璃球镶嵌在金属板上,把要观察的对象放在顶端。这是一个天才的发明!"

健康领域的奇思妙想

"我用我的镜片看到了扁虱、跳蚤和虱子的卵。在我所处的时代,有些科学家认为它们是从腐败的体液中自生的,但我不这么认为。为了证实这一点,我在一只袜子里繁育了一个虱子家族。"

显微镜消除了色彩干扰

列文虎克的观察和实验并没有延续下去。事实上,直到一个多世纪之后,科学家才开始用显微镜来识别我们周围的"微型生物",其中,有些微生物是导致一些可避免的疾病的原因。

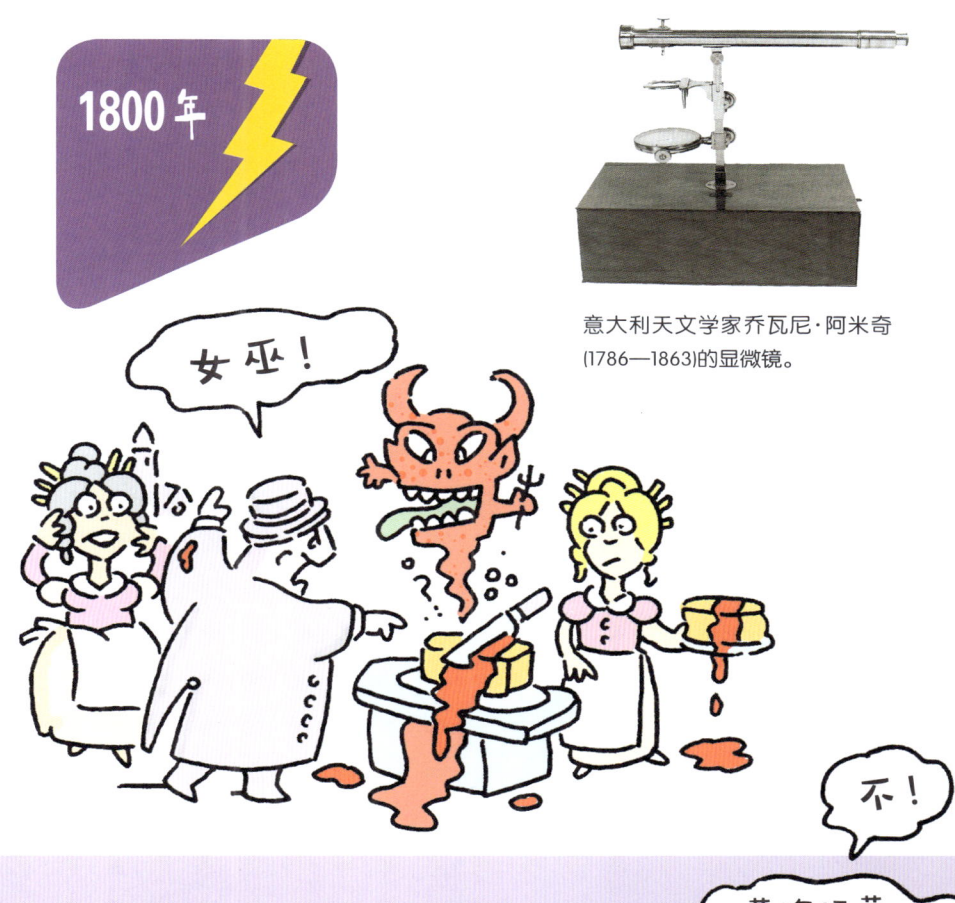

意大利天文学家乔瓦尼·阿米奇(1786—1863)的显微镜。

被显微镜打败的"恶魔"

1824年,在意大利帕多瓦省,整个村庄都陷入了恐慌。玉米粥变成了红色,从盘子里和桌子上往外淌"血"。已经有人提出要烧死那个作恶的女巫了。然而,有一位出色的医生将玉米粥放在显微镜下观察,发现它是被一种会产生红色色素的微生物感染了。

那就是芽孢杆菌。只要房间里保持清洁,锅和炉灶保持干净,这种魔鬼般的微生物就会消失。找到了玉米粥变红的原因,所有人都松了一口气。

健康领域的奇思妙想

传播霍乱的水泵

"早上好,我是约翰·斯诺,尊贵的英国维多利亚女王所信赖的医生。一到下雨天,伦敦就变成了一个大泥潭,人们排放的污水最终混入了饮用水中。这是这次霍乱发生的原因。但人们不相信我,相反,很多人认为霍乱是由死水散发的瘴气和地狱蒸汽引起的。"

1854 年

"因此,我绘制了霍乱死亡案例的城市区域地图,标记了死者的住所:他们都居住在布罗德街的水泵周围。我叫人关闭了水泵。我的推断是正确的!疫情停止了。有史以来,统计数据第一次帮助了医学!"

女王的麻醉药

在发现了"杀手"水泵之后,伦敦的水渠变得更加安全可靠。但这并不是斯诺医生唯一的创举,他还将麻醉药引入了医院,给产妇们使用,以减轻她们生孩子时的痛苦。尽管遭到了保守的社会阶层的反对,但维多利亚女王临产时也使用了麻醉药。

健康领域的奇思妙想

1967年 第一例心脏移植手术

"我叫克里斯蒂安·巴纳德,我是南非开普敦的一名外科医生。"

"我是第一位将已故患者的心脏成功移植到另一位患者身上的外科医生。这并不是一件容易的事情,多亏了我的灵感,我成功地做到了。"

"从那之后,器官移植技术得到了极大的发展,今天,数以千计的患者可以依赖捐献者的器官生存。除了心脏,肝脏、肾脏、肺、胰腺、肠、皮肤、角膜等器官都可以进行移植。"

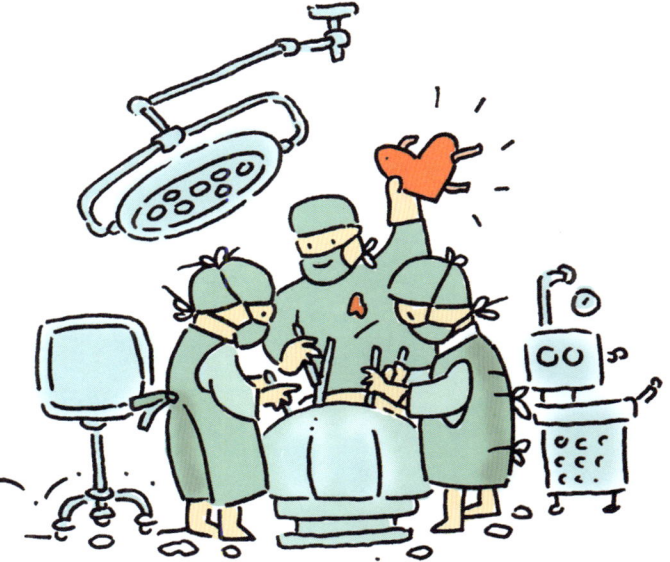

2050年(或2050年以后)

提取患者的干细胞之后,可以在试管中培育新的器官以供移植。还可以移植经过基因改造的猪的心脏。一家公司宣布将提供无人机运输服务,可以快速地将器官从"器官工厂"运送到进行器官移植手术的医院。

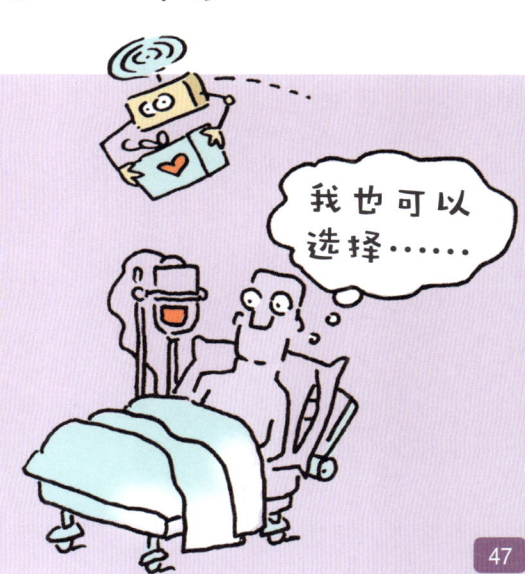

体育领域的奇思妙想

几千年来,人类开展体育运动变得越来越有必要,无论是因为人们对运动饱含激情,还是为了娱乐消遣。然后,伟大的灵感降临了。

公元前 4000 年

古埃及人建立了比赛规则和仲裁标准

体育比赛是他们社交生活的中心。从赛跑、标枪投掷到举重,大多数体育项目都与今天相同。

公元前 1400 年

奥尔梅克人发明了球类运动

奥尔梅克是墨西哥南部一个盛产橡胶树的地区。这一运动的目标是使橡胶制成的球设法穿过石板上的洞,石板在这里担任了篮筐的角色。在奥尔梅克人之后,橡胶球运动经过一代又一代人,传给了玛雅人,最后传给了阿兹特克人。一些神圣的比赛结束后会用球队队长和队员进行献祭。

体育领域的奇思妙想

15世纪

波利尼西亚人发明了冲浪运动

第一个见证了波利尼西亚年轻人乘风破浪的欧洲人是探险家库克船长，18世纪70年代，当他看到这一幕顿时有些羡慕。

1571年

老式网球诞生，它是现代网球的前身

法国国王查理九世成立了第一个球员公会。

苏格兰基尔赛斯的市民成立了第一个冰壶俱乐部

冰壶是一项冰上运动。它是指用扫把或特制的棍子推动沉重的抛光石头——石壶，使其在冰上滑动，并滑到比赛指定地点。从1998年起，冰壶正式成为奥林匹克运动会比赛项目。

1716年

1857年，第一支足球队诞生

在英国的设菲尔德，一小群业余足球运动员成立了历史上第一个足球俱乐部。

公元前776年 奥林匹亚公民举办了奥林匹亚竞技会

起初,只有奥林匹亚公民才可以参加竞技会,而且竞技会只有一个短跑项目。后来,竞技会逐渐增加了许多项目,参加奥林匹亚竞技会成为古希腊所有城邦的运动员的荣誉。

欢迎来到奥林匹亚!

我们是从萨摩斯来的!

我,毕达哥拉斯

"是的,正是我,古代最著名的哲学家和数学家之一。大约在2500年前,在我小的时候,和萨摩斯所有年轻人一样,我也想参加奥林匹亚竞技会。我日复一日地进行训练,终于和整个团队一起乘船来到了奥林匹亚。"

"我参加了不同项目的比赛,在准备得最充分的项目——拳击比赛中,我获得了冠军。对我这样一个哲学家和数学家来说,这还不错,毕竟,大家记住我总是因为那些乘法运算和以我名字命名的定理。"

体育领域的奇思妙想

随着时间的推移，奥林匹亚竞技会对古希腊文明来说变得越来越重要。竞技会是神圣的，是献给奥林匹斯众神之王宙斯的。奥林匹亚竞技大会每四年举办一次，在比赛期间，各城邦之间停止一切战争。甚至所有大希腊城邦公民都用竞技大会来纪年，如某人是在某一届竞技会那年出生或去世的。比赛的获胜者将获得神圣的荣誉，人们为他建造华丽的雕像，一些运动员的名字因此一直流传到今天。奥林匹亚竞技会举行了1000多年，直到公元394年，奥林匹亚竞技会被认定是"异教徒活动"，被古罗马皇帝狄奥多西禁止。

我，亚里士多德

"是的，就是我，古代最伟大的哲学家和科学家之一。悄悄告诉你，没有人记得我也曾是几场奥林匹亚竞技会比赛的冠军。这也难怪，从小我并没有什么运动天赋。但有一件事情值得我自豪：我是历史上第一批体育记者。雅典派我去奥林匹亚记录比赛，我的所作所为以及我的记录都被刻在了石头上。即使到今天，还会有人提及我当时的那句话：参加的都是胜利者！"

体育领域的奇思妙想

古斯塔夫·桑德尔医生发明健身器械

用于缓解老师背部疲劳的装置

数百年来，田径运动和奥林匹亚竞技会几乎被大家遗忘。在19世纪的欧洲，体育活动甚至被认为是不体面的，尤其是对于女性而言。结果就是，只有在户外工作、从事体力劳动的年轻人才拥有更健壮的体魄和更健康的身体。因此，当瑞典医生桑德尔为中产阶级和知识分子设计出最早的健身器材时，它们看起来与普通的劳动工具相似。

空转的飞轮

什么都不锯的锯子

什么都不铲的铁锹

1895年 弗里德里希·比尔茨医生建立健康疗养机构

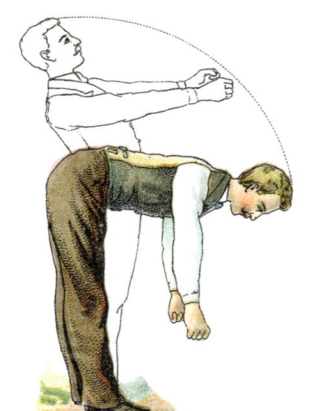

直到19世纪末，人们才逐渐意识到，运动以及富含水果和蔬菜的饮食可以保持身体健康，帮助人体抵御那些常见的疾病。因此，由德国医生比尔茨出版的第一本关于自然疗法的书取得了巨大的成功。在书中，比尔茨医生还列出了为保持健康，每天最起码应该做的运动。

顾拜旦男爵复兴奥林匹克运动会

"女士们、先生们,你们好!我是顾拜旦男爵。我从事历史及健康领域的职业。当德国考古学家挖掘出奥林匹亚古城遗迹时,我的灵感诞生了。我对自己说:'这正是复兴奥林匹克的时机啊。'我还设计了奥运会的徽标。"

1896年

每一个圆圈都代表一个大洲!

"大家都记得我说过一句话:重在参与。但实际上那并不全是我的原创。现代奥运会使各个国家相互交好,日益亲近,也有利于下一代年轻人的健康发展。第一届奥运会在雅典举办,第二届在巴黎举办。后来,所有国家都有机会参与竞争,获得主办奥运会的荣誉。顺便说一句,现在奥运圣火是用一个曲面镜点燃的。这并不是我的创举,这一发明要归功于阿基米德。"

1960年,罗马举办了首届残奥会

残奥会最初的灵感来自路德维希·古特曼医生,他是波兰的一名神经学家。为了躲避纳粹的迫害,他于1939年移民到英国。1948年,他在英国为一些有严重脊柱损伤的退伍军人组织了一场体育比赛。后来他又为来自不同国家的残疾运动员举办了一些体育比赛。这些比赛在世界范围内被公认为是残疾人奥林匹克运动会的起源。现如今,残奥会包括多种多样的夏季和冬季运动项目,从跑步到击剑,从射箭到柔道,还有橄榄球、曲棍球、越野滑雪……每个残疾人都可以参加合适的体育竞技项目。

(伟大人物)在细微之处的灵感

有些人因为他们伟大的构想而声名远播,但是他们也经常会有一些没那么重要,但同样不可忽视的灵感。

爱因斯坦因发现光电效应而获得1921年诺贝尔物理学奖

"我是爱因斯坦。我的相对论为人们所熟知。但我在瑞士伯尔尼专利局任职时,发明了静音冰箱,并申请了专利。悄悄告诉你们,我并没有从中获利太多,但在我的专利出现之后,冰箱发出的噪声减弱了很多。"

1922年

"我的另一个发现更加有现实意义。我解释了为什么光束撞击金属时会发射出电子。这种情况之所以会发生,是因为光是由'能量包'组成的——现在大家都把这'能量包'称为光子。这就是光电效应,太阳能装置正是依据这一原理运行的。正是因为这个发现,我获得了1921年的诺贝尔物理学奖(延后一年颁发)——而不是因为引起争议的相对论。所以,世界就是这样,孩子们,灵感永远不嫌多!"

（伟大人物）在细微之处的灵感

公元前500年

毕达哥拉斯发明了音阶

" 又是我，毕达哥拉斯。我不仅是古代著名的哲学家和数学家，也是一名医生和音乐理论家。我说，一切皆为数字，一切都是和谐与对称的。人体也是如此，音乐也是如此。所以我发明了音乐疗法，也就是用音乐治疗疾病。它并不一定能发挥功效，也并不适用于一切疾病，但至少没什么坏处。"

" 我的学生都至少会演奏一种乐器。我们经常在一起纵情歌唱，歌曲和音乐可以平息愤怒，驱赶糟糕的情绪。"

" 我发明了一种共鸣箱上只有一根弦的乐器——单弦琴。它证明算术、音乐和几何之间存在着紧密的相关性：声音的音高取决于弦的长度。按照一定的分数值来缩短弦长，就可以得到一组音阶。这一理论被后世沿用了很长时间。"

(伟大人物)在细微之处的灵感

牛顿发布万有引力定律

"我是牛顿。我发现了支配整个宇宙运行的法则。正是这一法则让你们能留在地球上,如果没有它,你们都会飘到太空去。"

1687年

"海洋同样也遵循这一法则。事实上,我的法则解释了沿海地区海面为何会周期性地上升和下降。连伽利略和笛卡儿对潮汐真正原因的阐释也是错误的,而我知道如何预测世界各地的潮汐。"

"由于万有引力的这个'副'作用,我在水手和底层人民中很受欢迎。当然对于我的许多同胞来说,万有引力定律仍然是令人费解的。"

"潮汐是由太阳和月球对地球的引力以及地球的离心力相互作用而形成的,这其中月球的引力作用大于太阳。结果是,每天早晚各有一次水位的涨落,白天的潮与夜晚的汐交替进行,每次涨潮与退潮之间的间隔约为6小时12分。"

〈伟大人物〉在细微之处的灵感

1702年

哈雷预测了"他的"彗星的回归

> 我是英国人埃德蒙·哈雷,我有许多头衔,天文学家、地球物理学家、气象学家,等等。但大家都记得我的一个绝妙的发现:我第一次成功预测了一颗彗星的回归,人们便用我的名字命名它,给它取名'哈雷彗星'。多亏了我朋友牛顿的法则和公式,我才能做到。简而言之,这是运用万有引力定律解决的又一个问题。

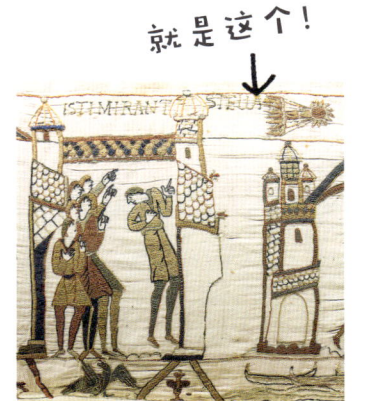

就是这个!

> 这颗非凡的彗星大约每75年回归一次。它的造访通常被人们视作神奇的迹象——预示着灾难的来临,人们认为它会带来瘟疫、战争、地震和洪水。这显然是一种迷信。公元前12年它掠过伯利恒的上空,公元451年它见证了阿提拉的溃败,它甚至在11世纪的《贝叶挂毯》中出现,这幅挂毯讲述了诺曼人在1066年征服英国的故事。而现在,每个人都知道彗星会回归,什么时候回归。

2061年的约定

人们预测,哈雷彗星下次造访地球的时间是2061年。一艘宇宙飞船有可能会降落在它上面(以进行科研活动)。欧洲空间局的一项任务已经证明,这是极有可能的——2016年9月30日,"罗塞塔"号彗星探测器降落在丘留莫夫-格拉西缅科彗星上,并确认该彗星是由冰构成的。

《伟大人物》在细微之处的灵感

达尔文出版《物种起源》

" 如果我能变成一座迸发奇思妙想的火山，那得归功于一次奇妙的旅程：我在 1831 年至 1836 年期间乘着'贝格尔'号双桅帆船进行了环游世界之旅！我的足迹遍布每一片大陆。我所见到的风景、动物和植物向我展示了大自然的神奇，它们与我在英国见到的大相径庭。我的伟大构想在这次旅途中诞生：生物进化是自然选择的结果。"

" 然而，让我赢得科学界赞誉的第一个灵感是我的环礁理论。我解释了海洋中浮现的数以千计的环礁是如何形成的。"

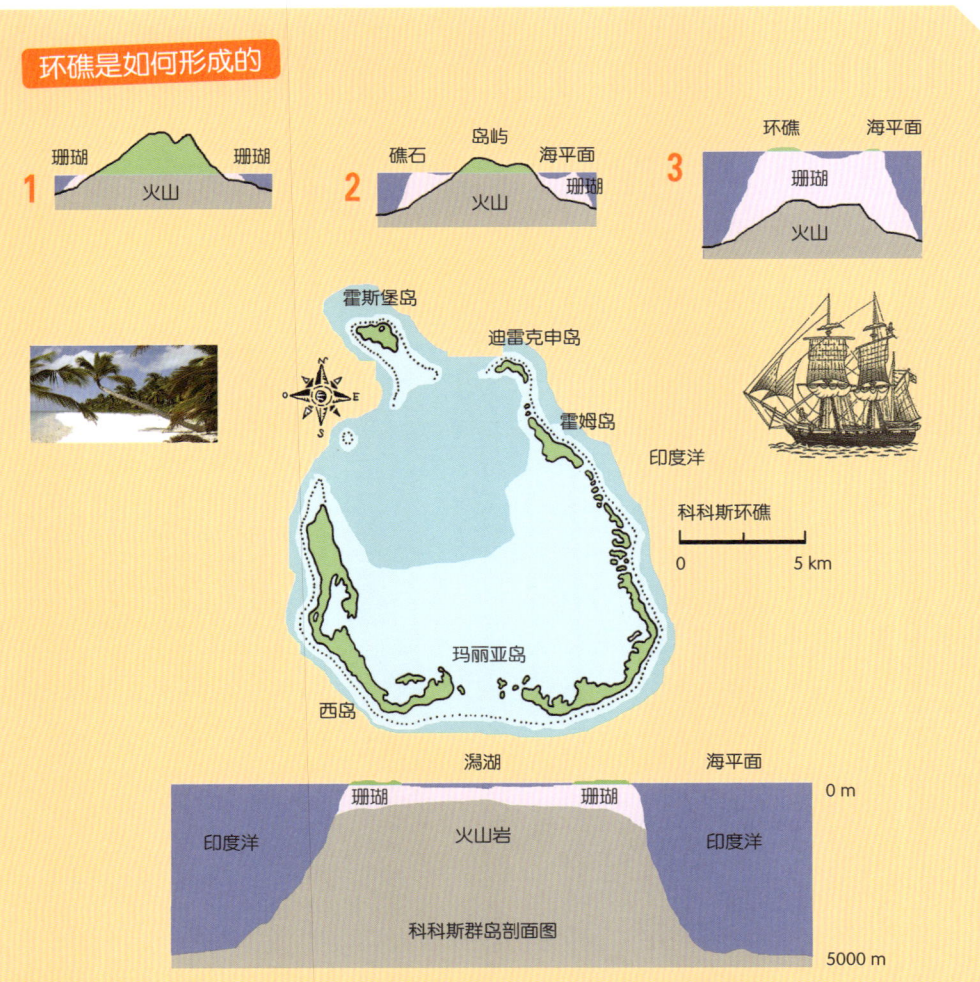

" 我认为，环礁只不过是古老的海底火山，几千年来，随着海平面不断上升，它们慢慢沉入海中。珊瑚在火山周围及上方一点一点地建造了它们的小房子。"

" 当我们测量印度洋科科斯环礁周围水域的深度时，这一形成机制逐渐清晰起来。数百万年前，这小小的环礁曾是一座巨大的火山！"

（伟大人物）在细微之处的灵感

"终于！"

1871年

达尔文出版《人类起源及性选择》

" 在英国，我还研究植物学、生态学和动物行为。所以我开始观察动物和人类如何表达他们的情绪，比如惊讶、生气、失望、愤怒和恐惧。"

"（人和动物的行为）有惊人的相似之处！"

1872年

……"动物和人类对于情感的表达"

" 我研究了家养动物，如猫、狗、鸽子，还有我自己的孩子（我有11个孩子）的行为。我们真的都是……亲戚。"

蚯蚓令人难以置信的能力

这是达尔文最令人困惑的研究：通过观察，他推断，蚯蚓不仅可以将花园里的石头埋在土中，随着时间的推移，它们甚至可以掩埋整座城市。

地学领域的奇思妙想

现如今,所有人都知道地球是圆的,但在过去很长一段时间里,这仅仅是一种观点。为了证明这一观点,需要不少灵感。

地球是平的?

是圆的!

公元前4世纪,亚里士多德与一些人已经支持这一观点了

但直到500年前,这个观点才得到广泛认同。

 公元前4世纪

会掉下去吗?

不会!

第一人!

 1519年

第一次环球航行

麦哲伦船队的首次环球航行(1519—1522)证明了地球毫无疑问是圆的,而在地球另一端的人们不会掉下去。

地学领域的奇思妙想

托马斯·伯内特出版《地球的神圣理论》

直到离我们较近的时代，地球的内部构造对于人们来说仍然是个谜。英国地质学家托马斯·伯内特认为，我们星球的内部被巨大的湖泊和地下海所占据。正是这些水溢出才导致洪水泛滥。

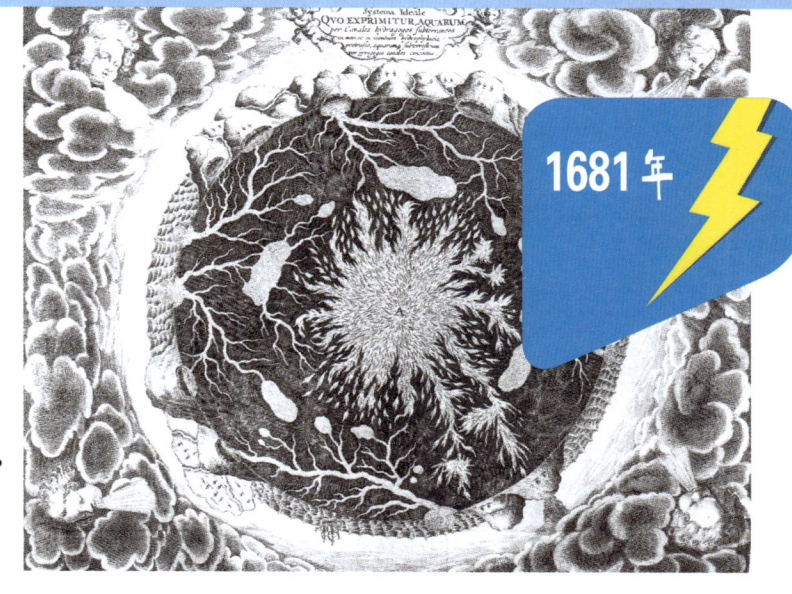

1681 年

假新闻！

1885 年

爱德华·修斯提出关于地球内部结构的理论

奥地利地质学家爱德华·修斯热爱阿尔卑斯山，也喜欢到山上远足。在他的设想中，地球内部有三层结构，核心由铁和镍构成。后来，随着技术的进步，通过测量地震波，这一理论得到了证实。

我的内心无比火热！

1913 年

天然放射性使得测定岩石和地球的年龄成为可能

年轻的英国地质学家阿瑟·霍姆斯在他的论文中提出，可以通过测量放射性元素及其衰变产物的数量来确定地球年龄。随着技术的日益完善，我们已经可以测出地球的年龄约为46亿年。

猜测一位上了年纪的女性的年龄是很不礼貌的！

阿瑟·霍姆斯

地学领域的奇思妙想

布丰出版《自然史》

1749年

法国皇家植物园园长布丰伯爵第一个提出,地球当前的面貌是数千年来发生的洪水和灾难共同作用的结果,他还为地球划定了一个年龄——75000岁。在这个问题上他完全搞错了,但这不失为一个良好的开端。

地球是一位有着艰难过往的少女!

乔治·居维叶出版《地球表面的生物进化》

1825年

古生物学的创始人、法国古生物学家乔治·居维叶在巴黎地下发现了河马和大象的化石遗骸。他认为,它们是一场大洪水的受害者,而这种侵袭地球的大洪水发生过多次。支持这一理论的同行被称为"灾变论学者"。

乔治·居维叶

灾难一场接着一场啊!

查尔斯·莱伊尔出版《地质学原理》第一卷

1830年

莱伊尔是英国地质学家,他的学说启发了达尔文提出进化论。他不相信"灾变论",他认为巨大的变化是缓慢地发生,并且在自然元素的持续作用下进行的。

世界的变化是非常缓慢的……即使是现在这一刻,变化也正在进行!

地学领域的奇思妙想

1912年 阿尔弗雷德·魏格纳提出"大陆漂移说"

德国地球物理学家魏格纳认为,各大洲在逐渐分离,并且以每年10厘米的速度持续分离,欧洲、非洲和美洲曾是一块完整独立的大陆。多年来他的理论一直没有得到重视,甚至被认为是一个童话。实际上,大陆是较大板块的一部分,而板块又漂浮在下面的岩浆上。

玛丽·撒普在《国家地理》上绘出了世界海床图 —— 1968年

玛丽·撒普是美国地质学家和数学家。18年间,她利用同事布鲁斯·希曾在一艘海洋船上搜集的数据绘制地图。大西洋海底地图清楚地显示了从北到南穿过地球的海底大山脊"大西洋中脊",它也使美洲日复一日地远离欧洲和非洲。由于玛丽的研究,现如今魏格纳的"大陆漂移说"被广泛接受。

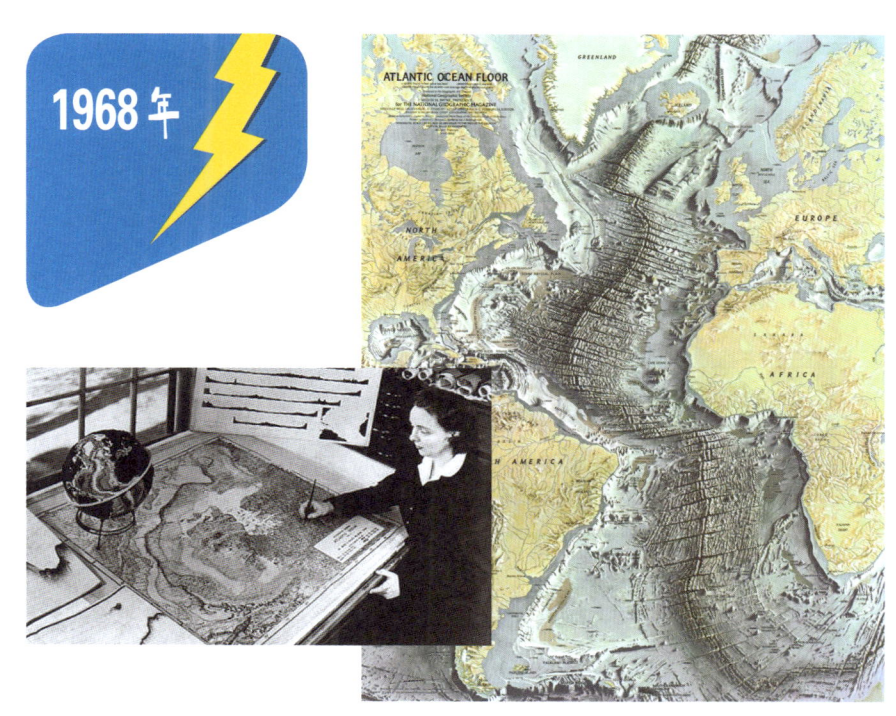

63

地学领域的奇思妙想

1836年 阿加西发现冰川运动

" 我是美国动物学家路易·阿加西。我出生在瑞士的一个小村庄莫捷,它坐落在阿尔卑斯山山脚下。我从小就喜欢翻山越岭,搜集化石和石头。后来,一位同行的讲座让我大开眼界,于是我开始研究冰和冰川。"

它们就像流向峡谷的固态河流!

" 与过去相比,现如今的冰川已经小了很多。以前的冰川要比现在大1000倍,厚达数百米,占据了欧洲、北美洲和中国的大部分地区。冰川侵蚀形成了峡谷与湖泊,并携带巨石移动了数百千米。"

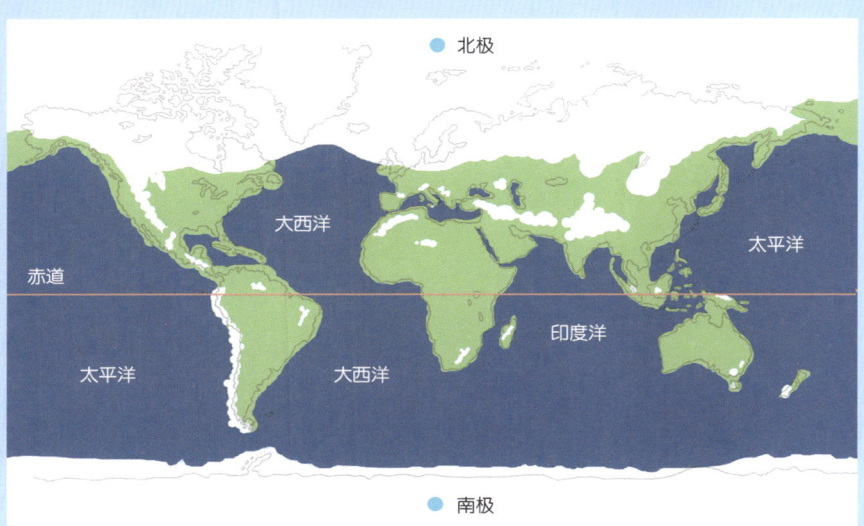

20000年前

在上一次冰期盛期(LGM,末次冰盛期),北半球终年不化的冰形成了一个冰盖,一直推进到现在的纽约、伦敦和莫斯科。当时的海平面比现在低100米。

地学领域的奇思妙想

1913年

南斯拉夫天文学家米兰科维奇发现了冰川作用的天文学原因

"自人类在地球上出现以来,冰川向前推进过,后来又回退了许多次。我发现它们的推进与地球轨道和倾斜度的变化之间存在着某种关系,地球轨道和自转轴倾角在数千年间会发生周期性的改变。"

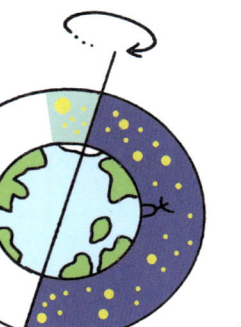

北半球受阳光照射更多,也更热

今天

北半球冰雪更多

20000年前

全球变暖

自20世纪以来,由于人类活动排放了大量二氧化碳,冰川融化的速度在不断加快。2015年,世界各国在巴黎就保护气候达成协议,以应对全球变暖的危机。

停!

65

微观领域的奇思妙想

我们是由什么构成的？物质是由哪些元素组成的，分别有多少？今天我们可以回答这些问题，但走到今天这一步，需要不少灵感。而物质的发现还没有结束……

最早提出问题并给出答案的是古希腊的哲学家们。

泰勒斯（前624—前547）认为，世界的本原是水，万物都源于一种元素——水。

阿那克西米尼（前588—前525）认为，世界的本原是气，一切都源于气。

相反，赫拉克利特（前540—前480）认为，宇宙中的万物都源于火。

最后，阿格里真托（今属意大利）的恩培多克勒（前490—前430）认为，物质源于他的同行提到的三种元素，即水、气、火的混合外，还有一项：土！

微观领域的奇思妙想

公元前4世纪

亚里士多德与四元素理论

亚里士多德将以前哲学家的设想变成了真正的理论学说。

这一学说持续了2000年！

1697年

德国化学家施塔尔补充了第五种神秘元素——燃素

但燃素并不存在。作为元素，它的特性十分奇怪。这是一个弥天大谎！

假新闻！

1753年，不受重视的想法

俄国人罗蒙诺索夫的学说与事实十分接近。他认为，物质是守恒的，除了燃素，其余一切都不会凭空而生，凭空而亡。但由于与西方学界的沟通问题，他的想法没有受到重视。

1778年

法国化学家拉瓦锡对水进行分解，并命名了氧气

拉瓦锡证明，空气也是各种气体的混合体。他说，元素各不相同，它们远不止4个。（报道称有92个！）

微观领域的奇思妙想

公元前5—前3世纪

最早提到原子的是一些古希腊哲学家

他们是留基伯（公元前5世纪），他的学生德谟克里特（公元前4世纪）和伊壁鸠鲁（公元前3世纪）。他们认为，物质是由非常小的粒子构成的，他们称之为"原子"，这个词的意思是"不可分割"。

1803年

英国化学家道尔顿把原子置于化学的中心地位

几个世纪以来，原子几乎被大家遗忘。后来英国化学家道尔顿迸发出一道灵感：他将原子与拉瓦锡发现的元素联系起来。每种元素与一种既不能被创造也不能被破坏的原子相对应。

1811年

意大利科学家阿伏伽德罗引入分子的概念

原子并不喜欢单独待着，它们与同一元素的原子或其他元素的原子一起构成分子。

微观领域的奇思妙想

1869年 俄国化学家门捷列夫绘制了元素周期表

门捷列夫根据原子量的大小排列原子,发现它们的特性遵循某种规律。

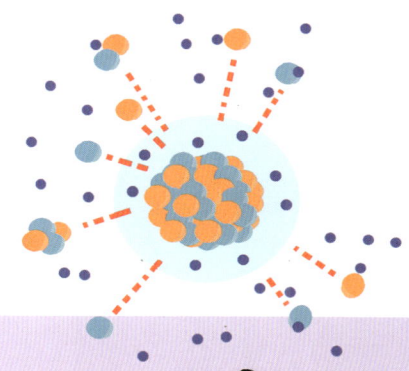

氢H　锂Li　钠Na　钾K

1903年,原子可以再分

由于对放射性的研究,法国物理学家玛丽·居里、皮埃尔·居里与贝可勒尔共同获得了1903年的诺贝尔物理学奖。他们证明,原子并不是不可分割、坚不可摧的,它们可以被分成更小的粒子。

1911年 英国物理学家卢瑟福提出了原子结构的"行星"模型

卢瑟福的原子模型类似于一个小太阳系:带正电的原子核居于原子中心,许多带负电的电子围绕原子核旋转,构成原子核的粒子称为质子。这是一个值得探索的新世界。

电子 - •　　● 质子 +

微观领域的奇思妙想

玻尔模型

丹麦物理学家玻尔提出了一种原子模型,电子围绕原子核在不同的轨道上运动。

他觉得很有可能是这样!

英国物理学家查德威克发现中子

中子类似于质子,也是原子核的一部分,但它不带电荷。

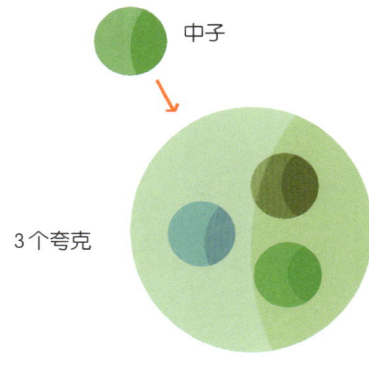

中子

3个夸克

无法观测到的夸克

美国人默里·格尔曼和乔治·茨威格认为,质子和中子是由三个更小的颗粒——夸克构成的。

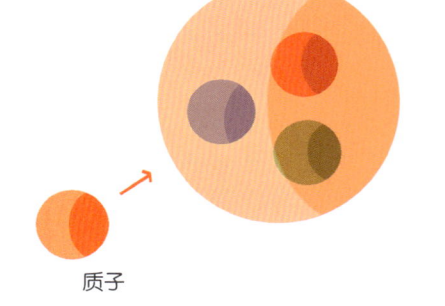

3个夸克

质子

微观领域的奇思妙想

1930年,轰碎了质子的人

美国物理学家欧内斯特·劳伦斯建造了第一个粒子加速器(或称回旋加速器),它可以让质子束高速碰撞,将质子分解成更小的粒子。目前仍在运行的最大的回旋加速器在日内瓦的欧洲核研究组织(CERN)。

2012年

"上帝粒子"

经过多年研究,在日内瓦的欧洲核研究组织,一种非常特殊的粒子被分离出来,即希格斯玻色子,它为物质赋予了质量。

在自然界中,独立的夸克是不存在的,但通过破坏质子和中子,可以观察到构成它们的粒子。已经确定至少有37种稳定的粒子以及100多种不稳定的粒子。

研究仍在继续

对事物本质的探寻绝不会结束,事实上,许多被发现的粒子不是真正的粒子,而是"量子",也就是能量"包"。正如爱因斯坦用他著名的公式所预测的那样,不断深入探究微观世界,会发现越来越空,物质也越来越少,直到最后,发现只有能量存在。

E(能量)
m(质量)
c^2(光速的平方)

女性的奇思妙想

女性的灵感与男性的灵感有什么不同吗？看看下面的例子，好像并没有什么不同。

1813年 美国的塔比莎·巴比特发明了圆盘锯

这个十分高效的机械，不是很男性化。

1887年 美国的安娜·康奈利获得火灾逃生梯的专利

它不仅仅是楼梯，更是建筑物之间的桥梁，发生火灾时用它逃生，确实有效。

比电梯更好用！

美国的利蒂希娅·吉尔发明了第一个现代注射器

对于医学而言，新时代开始了。

1899年

1903年 美国的玛丽·安德森获得了手动雨刷器的专利

十年后，她的同龄人、美国的夏洛特·布里奇伍德获得了电动雨刷器的专利。

以前人们怎么办呀？

人们得停车！

女性的奇思妙想

1940年

美国的格雷丝·霍珀开发了第一个编译器

格雷丝是一位数学家、程序员,也是美国海军的海军上将。

1945年

第二次世界大战期间,美国的海迪·拉马尔发明了今天应用在Wi-Fi和全球定位系统(GPS)上的扩展频谱通信技术

海迪是一名数学家,也是一位受人喜爱的好莱坞女演员。

1951年

美国的玛丽昂·多诺万发明了一次性纸尿裤

对无数父母来说,这是一种解放。

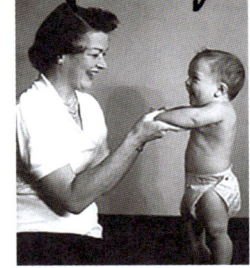

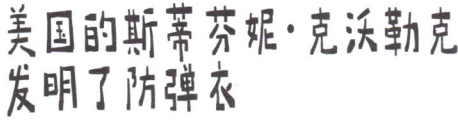

美国的斯蒂芬妮·克沃勒克发明了防弹衣

她毕业于化学专业,共申请了28项专利,其中包括凯芙拉纤维,一种非常坚固耐用的合成纤维。

1963年

1962年 美国的蕾切尔·卡森出版《寂静的春天》

"我是蕾切尔·卡森,一名生物学家、作家。欢迎来到我位于美国马里兰州银泉镇的家。我亲自设计了这座房子,家里有我需要的一切。

我家有一个小花园,花园里种着常青树和杜鹃花,还有一片点缀着水仙花的草坪。我出生在农村,我在父母的农场里与动物一同长大。我毕业于文学专业,但大自然对我来说十分重要,后来我又回到大学学习海洋生物学。

我找到了一份喜欢的工作:我被美国政府部门聘用,负责管理渔业办公室的出版物。我的上司经常批评我,他说我写的文章文学性太强了。但我把这些稿件寄给报纸和杂志,编辑们都非常喜欢。就这样,写作关于科学和自然的读物成为我最重要的工作。"

"但后来发生了一些可怕的事情。我童年时常见的鸟类和昆虫越来越少,耕地都变成了死气沉沉的沙漠。罪魁祸首是一种杀虫剂——DDT(滴滴涕),每个人都称赞它是防止农业灾害的良方。这就是我写《寂静的春天》的原因,这本书在世界范围内获得了成功。"

1939年,一项富有争议的发现

1939年,瑞士化学家保罗·穆勒发现了DDT(双对氯苯基三氯乙烷)的杀虫特性,立即将其用于对抗蚊子和疟疾并获得成功。尽管DDT后来备受争议,但穆勒博士仍然由于这一发现在1948年获得了诺贝尔生理学或医学奖。

女性的奇思妙想

" 我用简单明了的语言解释了DDT的副作用。在使用DDT作为杀虫剂时,杀死有害昆虫的同时,也杀死了有益昆虫,而且它对所有水生生物都会产生毒性。它很难分解,会沿着食物链累积,最终大量有毒物质都集中在食物链顶端的高等动物体内。研究证明,我的说法是正确的。

在母牛和孕妇的乳汁中,来自遥远国家的鱼类体内,以及北极熊的脂肪中都找到了DDT。它还会影响鹰、游隼等鸟类吸收钙的能力,导致它们产下软壳蛋。"

" 化工企业组织了强大的游说团队反对我的观点,但这场争论在社会上引起了极大反响,人们反对在农业中轻率地使用化学品。我甚至不得不在肯尼迪总统委派的调查委员会上作证。如今,我被认为是环境保护运动的教母。但在我之后,还会有更多的人为了保护环境而进行战斗。"

1972年,生态学的一个教训

DDT在美国和许多国家已经被禁止或限制使用,但是直至今天,仍有人认为它是治疗疟疾的唯一方法。实际上,在沼泽地得到改善、水流量得到调节的国家,不需要DDT,疟疾就已经被打败了,还有其他生物手段和化学手段可以与之抗衡。

75

女性的奇思妙想

1948年

匈牙利裔美国科学家玛丽亚·泰尔凯什建造了第一所太阳能住宅

"大家好,我叫玛丽亚·泰尔凯什。对于我的朋友和同事来说,我是'太阳女王'。他们这样叫我是因为,我是第一个利用太阳能为房子供暖、发电、获取饮用水等的人。实际上,我是替代能源之母,至少在我的时代他们是这么叫的。我是一位先驱——我的发明预告了你们当今的科技,太阳能是我们地球上唯一可持续发展的能源。"

"我1900年12月出生于匈牙利布达佩斯。25岁时,我从化学专业毕业,并移居美国克利夫兰。后来在麻省理工学院(MIT)工作时,我感到宾至如归。正是在那里,我完成了大部分发明。"

麻省理工学院:备受赞誉的天才工厂

麻省理工学院成立于1861年,经常在世界顶尖大学排行榜上位列榜首。它的化学、电子电气工程、物理和计算机科学等专业世界排名第一。它的教师团队中诞生了78位诺贝尔奖获得者。麻省理工学院正是这样一个神话般的存在,以至于连钢铁侠和神奇先生这样的虚构人物也拥有麻省理工学院的学位。

女性的奇思妙想

" 刚开始我研究生物学，我还研究过能够接收脑电波的机器。这是一个非常有趣的领域，就像是科幻小说里描写的一样。但是，第一个让我为人所知的发明是我的便携式太阳能淡水机。海难幸存者可以用它来蒸馏海水，获取饮用水。在第二次世界大战期间，它挽救了许多生命。"

" 我还设计了一个可以烹饪肉类和蔬菜的太阳能烤箱，除了太阳能，它不需要其他任何能源。这是一项可以比肩阿基米德的发明。"

" 我还找到了一种用特殊的盐蓄电池保存热量，然后将其转化为能量的方法。我设计了最早的太阳能电池，与你们今天使用的太阳能电池相比，它们非常昂贵，但对于最早的人造卫星和航天器来说，它们非常有用。简而言之，我已经成功证明，我们所需的所有能量和热量都可以从太阳那里获得。看到如今仍有很多人在我开辟的道路上孜孜不倦地研究，我很欣慰。"

伟大的、不朽的发明家

94岁时，玛丽亚·泰尔凯什(1900—1995)带着她的20多项专利，回到了布达佩斯。2012年，她的名字入选美国国家发明家名人堂，那里入选的是过去两个世纪中作出重要贡献的发明家，其中包括托马斯·爱迪生、沃尔特·迪士尼、卢米埃尔兄弟、马可尼以及其他用智慧改变世界的人物。如今，"太阳女王"的名字与他们列在一起。

77

不可能实现的(或者几乎不可能实现的)梦想

有些想法乍一看似乎很精彩,但由于种种原因,这些想法无法实现。

有些发明试图实现永恒运动,即无须从外界获得能量便能保持运动。虽然永恒运动受到物理学定律的否定,但一些备受尊敬的人仍然试图实现它。

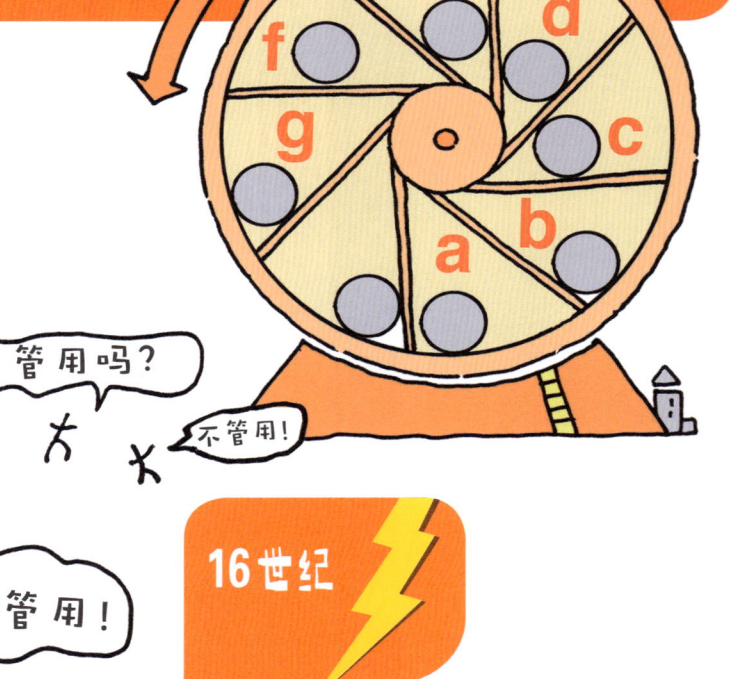

16世纪

达·芬奇(1452—1519),意大利文艺复兴时期最富有才华的艺术家和科学家

他发明的小球转轮式永动机转动从来没有超过一圈。

17世纪

牛顿(1643—1727) 万有引力定律的发现者

他的漏斗升降机几乎立刻就停止工作了。

不可能实现的(或者几乎不可能实现的)梦想

永动磨坊

1618年，英国炼金术士罗伯特·弗拉德提出了一种靠有限的水就能一直运转的磨坊模型。这自然无法实现，但这主意不错。

17世纪

英国的波意耳 (1627—1691) 是化学之父

他的液压回路可以无限循环。

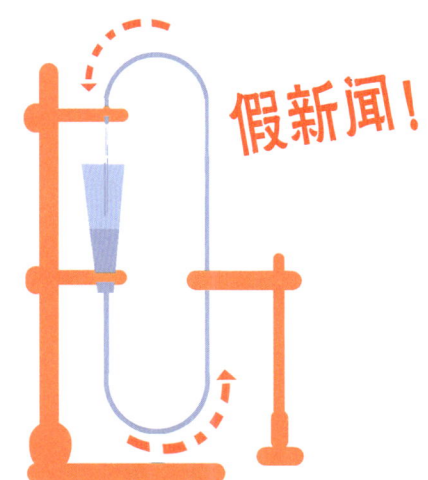

"永动机"专利

几乎所有国家都不允许以"永动机"的名义注册专利。但有许多试图实现永恒运动的器械使用其他名字申请了专利。这其中最巧妙的是利用自然现象并提供节能措施的装置。

2005年

视频网站上的奇迹

能够产生无限能量的永动发电机总是在视频网站上出现。如果这些发明真的有用，它们的发明者将会富可敌国。事实上，这些"发明者"的收益都来自巨大的网站浏览量。这就是所谓的"发明"了。

2050年

完美的循环回收

该项目旨在循环利用碳氢燃料燃烧产生的二氧化碳（CO_2）。燃烧产生的二氧化碳不会扩散到大气中，而是通过封闭循环系统，将其转化为甲烷（CH_4），从而消除污染并产生新的燃料。与永恒运动不同，从化学角度来讲，二氧化碳转化为甲烷是可以实现的，只需合适的催化剂和一些能量（太阳能也可以）。二氧化碳的转化、利用技术已经注册了许多专利，但目前仍然成本太高。

1973年

空气动力汽车

1973年，一名英国发明家获得了这项专利。在汽车行驶过程中，进入汽车的气流使风扇旋转，风扇带动发电机工作。发电机为电池充电，电池给汽车发动机提供能量。实际上，依靠空气为电池充电是远远不够的。

不可能实现的(或者几乎不可能实现的)梦想

1989年

冷核聚变

1989年，两位美国化学家马丁·弗莱施曼和斯坦利·庞斯声称观测到了这一现象。它是指在温度和压力远低于核电站的"试管"中获得的核反应，即在接近常温、常压和相对简单的设备条件下发生的核聚变反应。它将解决我们星球的所有能源问题。一个小东西可以产生大型发电厂所提供的能源。该实验结果难以再现，让人对其是否科学、有效产生怀疑。但是有研究者仍在努力钻研它，不排除有朝一日，冷核聚变实验结果能够重复再现，并在日常生活中实现利用的可能。

2017年

远程传输

物质转化为波，波传播，接下来波重新转化为物质，以上提到的这些不仅仅是可以与《星际迷航》相匹敌的科幻假设，而是量子物理学所认可的一种可能性。实际上，到目前为止，人类只传输了少量粒子。未来我们将拭目以待。

化圆为方

这是几何学中最古老的未解之谜：求一正方形，其面积等于一给定圆的面积。对于古希腊人来说，这一问题是难以解决的。阿基米德用圆周率(π)进行计算，将圆周率近似到小数点后几位数，以此来解决问题。实际上，即使在今天，想要求得确切的正方形面积也只能用近似值，因为圆周率(3.1415926535897……)是一个无理数，小数点后面是无穷无尽的。

不可能实现的（或者几乎不可能实现的）梦想

1901年

塞尔维亚裔美国发明家尼古拉·特斯拉提出宇宙能源

> 大家好！我是20世纪最富有想象力的发明家尼古拉·特斯拉。你们对这一点可能不太清楚，但你们今天仍在使用我的许多发明，如交流电、电动机和遥控器。然而，我关于免费、清洁的无限能源的伟大设想并没有继续推进下去。

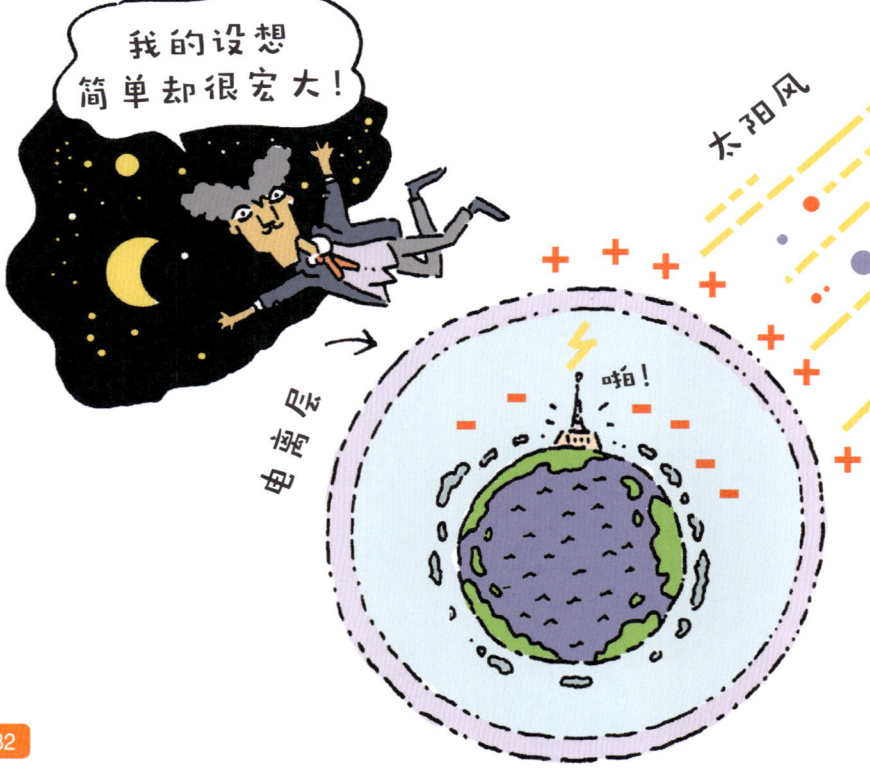

我的设想简单却很宏大！

太阳风

电离层

啪！

> 每天，我们的星球都会受到太阳风和宇宙射线的撞击，这些射线在撞击大气层时会产生电荷，而地球上可能会有相反的电荷。如果两种相反的电荷接触，地球和大气层的各个层面都可以产生无限的清洁能源！

> 关键在于建造足够高、功率足够大的接收天线和发射天线，还得有深埋于地下的金属地基。我在纽约附近的长岛建了一座塔，名叫沃登克利夫塔。它花费了100万美元，在我的时代这是一大笔钱。遗憾的是，我没能建完。

不可能实现的(或者几乎不可能实现的)梦想

沃登克利夫塔可以产生巨大的能源,并将能源"无线"地输送给塔周围的村庄和社区的所有居民。

任何人都可以从这个装置中免费获得能源。只要有一根简易的天线就可以接收能源了。

塔周围的所有交通工具都是电动的。汽车不需要燃料,只需要接收天线和地线。

🟧 地震机器

宇宙能量塔并不是尼古拉·特斯拉唯一"不可能实现"的发明。在他的专利中,还有一种能够引发地震的装置。

据尼古拉·特斯拉自己所说,他将他的设备连接到纽约一些摩天大楼的铁制结构上,引发了一场小地震,吓坏不少曼哈顿的居民。奇人尼古拉不得不拆了地震机器。幸运的是,没有人能成功重复这一实验。自然地震就已经不少了,我们不需要人工地震!

83

时间领域的奇思妙想

时间是一个非常奇怪的维度。它不会停止,触摸不到,无法称重,不可累积。但它可以被分成一些间隔,我们可以计数。多亏了几千年来一系列发明与发现,我们才可以做到这一点。

在很长一段时间里,人们只能用日晷和方尖碑测量时间。

苏美尔人提出"小时"的概念

公元前 2000 年

古代苏美尔人并不像我们今天一样用十进制,他们用六十进制。他们把1小时分为60分钟,每分钟60秒。有趣的是,我们今天仍然像古代美索不达米亚的数学家——祭司一样数着小时和分钟。

漏壶

公元前 1500 年

在美索不达米亚、古代中国和古埃及,人们用漏壶来计时。

由水驱动的机械钟

8世纪

它们被叫做闹钟,用在西方修道院中。

精妙的钟表

13世纪

中世纪,阿拉伯数学家贾扎里建造了水动力时钟。

时间领域的奇思妙想

14世纪 属于大众的钟表
在欧洲，城市的钟楼和公共建筑上安装了大型机械钟。

1656年 客厅里的钟
受伽利略对钟摆运动研究的启发，荷兰天文学家和物理学家惠更斯获得了第一个摆钟的专利。

1675年 可携带的表
惠更斯将摆轮游丝应用在钟表上，钟表变得可以随身携带。

1915年 战争时的表
第一次世界大战期间，在前线作战的英国士兵配备了手表。在战壕中，它们肯定比怀表更实用。

1971年 多功能手表
第一款数字腕表上市。随着电子科技的不断进步，没过多少年，它们就成为如今的全能产品。

时间领域的奇思妙想

在意大利比萨大教堂迸发的灵感

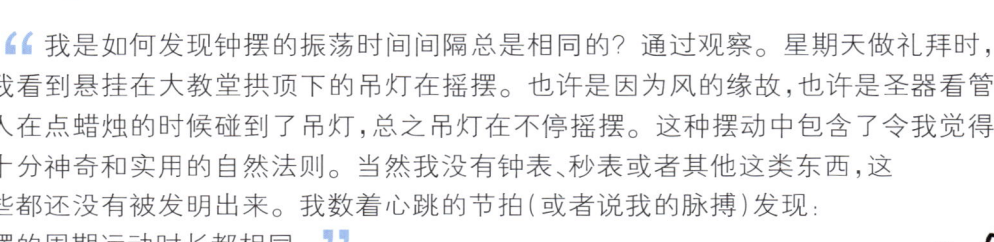

> 我是如何发现钟摆的振荡时间间隔总是相同的？通过观察。星期天做礼拜时，我看到悬挂在大教堂拱顶下的吊灯在摇摆。也许是因为风的缘故，也许是圣器看管人在点蜡烛的时候碰到了吊灯，总之吊灯在不停摇摆。这种摆动中包含了令我觉得十分神奇和实用的自然法则。当然我没有钟表、秒表或者其他这类东西，这些都还没有被发明出来。我数着心跳的节拍（或者说我的脉搏）发现：摆的周期运动时长都相同。

> 在其他场所，我为自己配备了一座水钟，但我也用了相同的方法来测量物体从一个斜面上落下的时间。我的同伴数着他们的脉搏，然后我计算了他们脉搏次数的算术平均值。这可能看起来很奇怪，但令我成名的科学方法就是——用心去做。

> 测量那些可以被测量的，把不可测量的也转化为可测量的。
>
> ——伽利略

水上的"结"

没人知道这是谁的奇思妙想，但几个世纪以来，船只的速度都是用"船舶测速仪"来测量的：拿一根简单的绳子，在间隔相同的地方打一些结，绳子的末端绑一个浮子，让绳子漂在水面上。计算在单位时间（一次沙漏的时间）内船只经过了几个结，就可以算出船只的航行速度。即使在今天，船只的速度也是以"节"为单位，但这个"节"就不是绳索上的"结"了。

1 节 = 1.852 千米/时

1761年 英国钟表匠哈里森发明航海精密计时器

"我的名字叫约翰·哈里森,我解决了牛顿和哈雷也无法解决的问题。在我的时代,船只很容易确定自身相对于北半球、南半球或赤道所处的位置,但很难确定相对于欧洲和美洲海岸的方向位置,从而在大海中迷失方向。今天,我的肖像和我设计、制造的精密计时器陈列在伦敦附近的格林尼治博物馆。那里还陈列着标志本初子午线(也称'零子午线',是世界上所有水手的参考)的铁轨。在无数次悲剧发生后,英国议会筹集了2万英镑,奖励给那些能在海上确定经度的人。在那个时代,2万英镑是一个天文数字,相当于今天的10亿欧元。"

"最实用的方法是用一个能显示时间的钟表,无论身处哪里都能精确显示格林尼治时间。将格林尼治时间与船上的时间进行比较(船上的时间可以通过太阳的高度推测),这样就可以确定伦敦与船舶位置之间的经度差异。我只是一个业余制表师,我的父亲是一个木匠,我通过模仿手册中的文字和图画学会了制作钟表。你能想象我做的第一座钟表是木头的吗?我请求与委员会主席埃德蒙·哈雷爵士谈话,我向他展示了我设计的海上船用时钟,不管是船只晃动或因暴风雨而颠簸,还是严寒或酷暑,这座钟都不受影响。"

"哈雷爵士对我大加赞赏,于是我全身心投入到工作中。我花了5年时间制作了第一座精密计时器,人们称它为'H1'(意思是哈里森1号)。但它太大、太沉重——重达34千克!还不够好。他们给我预支了很小一部分奖金,我继续研究尺寸更小、成本更低的模型,从H2、H3,到H4,我终于造出了一个直径12厘米的漂亮的、小巧的精密计时器,它比一块怀表大不了多少。我终于解决了这个难题。事实上我做出了突破,拯救了无数水手的生命,但我并没获得奖金!直到1790年我才得到了认可(仅在很小范围内),之后不久,我就离开了这个满是有眼无珠和吝啬至极的人的世界。"

时间领域的奇思妙想

1873年

法国小说家凡尔纳出版《八十天环游地球》

"我的主人公们早到了!"

"如果向着东方,也就是太阳升起的方向进行一次环游世界之旅,会多获得24小时。凭借我的奇思妙想,我利用了这个悖论:在我最著名的书的结尾,我的主人公们以为他们用了80天才完成了这次旅行,然而实际上只过去了79天!就这样,他们赢得了奖品。"

"我们迟到了!"

"相反,如果向着太阳落下的方向进行环球旅行,会丢掉一天!最早注意到这一怪事的是探险家麦哲伦的同伴们:当他们完成第一次环游世界的旅行时,他们惊讶地发现,他们在旅途中丢失了一天。他们以为返回西班牙的日子是1522年9月5日,但实际上是9月6日!"

1879年

被划分的时间

加拿大铁路公司总工程师桑福德·弗莱明爵士建议将地球划分为24个时区。

供参考的时间和时区

同步钟表的时间

在桑福德爵士提出他的建议之前,世界上每个国家和城市都使用当地时间,这造成了极大的混乱,引发许多问题,尤其是铁路!本初子午线穿过伦敦附近的格林尼治,这里的当地时间被确定为世界参考时间。当格林尼治是正午时分时,与其对应的地球另一端——太平洋正值午夜,新的一天刚开始。每个时区所包含的区域(为了适应各国的边界,也做了一些调整),都采用相同的时间。从一个时区到下一个时区或上一个时区,只要把钟表指针调快或调慢1小时就可以了。

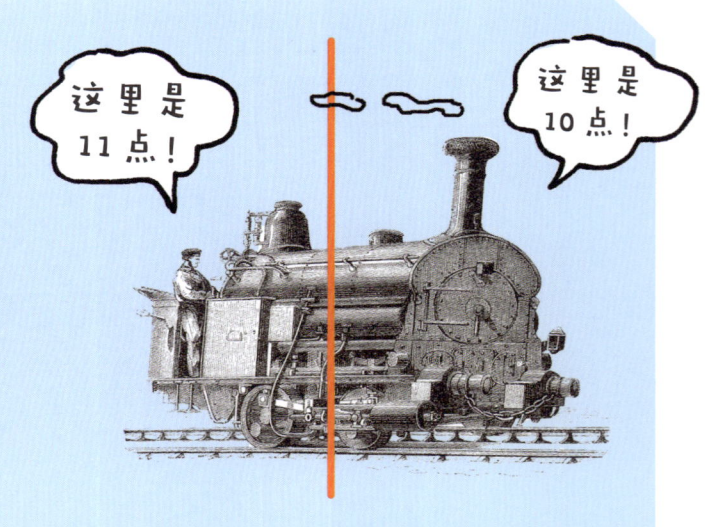

"这里是11点!" "这里是10点!"

时间领域的奇思妙想

1895年

英国小说家威尔斯出版科幻小说《时间机器》

在他之前，没人想象过，我们能乘坐这样一台机器穿越时间去旅行。

犹太裔物理学家爱因斯坦提出相对论

爱因斯坦解释了他的理论：在整个宇宙，时间并不是绝对的，而是相对的。物体运动速度越快，它的时间流逝得越慢。如果接近一个具有很强引力的天体，也是这样。

1905年

1916年

德国物理学家卡尔·史瓦西设想黑洞的存在

黑洞是行将灭亡的恒星坍缩而形成的，引力极强，时空扭曲，甚至连光线都无法向外射出去。正因如此，我们觉得它看起来很黑。在黑洞的表面，时间是停滞的。钟表永远走不到午夜！

21世纪

航天员和GPS卫星在时空中旅行

对于那些在太空中旅行且比地球上的人走得更快的人来说，时间过得更慢。从某种意义上来说，他们是在未来旅行。虽然只有仅仅几微秒的差别，但也确实是穿越了未来。

19世纪的奇思妙想

19世纪是非凡的灵感迸发的世纪,是具有远见卓识的发明家不断涌现的世纪,是闪耀着智慧光芒的奇妙装置频繁出现的世纪。

19世纪是蒸汽机的世纪,但它始于一项与电力有关的发明。在19世纪,诞生了第一条铁路、第一个灯泡、第一台照相机、第一台发电机、第一台电动机。它终结于卢米埃尔兄弟电影的成功放映以及第一次无线电广播。正是在这个世纪,达尔文发表了进化论,孟德尔提出了遗传定律;正是在这个世纪,人类可以乘坐热气球和飞艇在天空中翱翔。

1800年

意大利物理学家亚历山德罗·伏打发明电池

这是世界上第一个可以产生电流的装置——伏打电堆。

1818年

英国小说家玛丽·雪莱的小说《弗兰肯斯坦》出版

这本书出版时玛丽只有21岁,但她笔下的人物在今天仍具有现实意义。

1825年

英国工程师斯蒂芬孙的蒸汽机车投入使用

虽然火车散发着臭气,还污染环境,但英国人为之疯狂。

19世纪的奇思妙想

正是在19世纪，人们开始相信科技的进步，相信利用科学技术可以解决世界难题。也正是在这个时代，女作家玛丽·雪莱创造了"弗兰肯斯坦博士"这一角色，他是利用电力创造出来的一个怪物，一个疯狂的科学家。这个故事流传至今，和其他19世纪的智慧成果一样，直到今天依然影响着我们。

1852年
法国人吉法德的飞艇飞越巴黎上空
未来属于天空。

1879年
美国发明家爱迪生发明了历史上第一个能实际运用于商业的白炽灯
他的灯泡照亮了美国门洛帕克市的房屋和街道。

1884年
法国卢米埃尔兄弟在公共场合放映他们制作的第一部电影
当画面上出现火车进站的场景时，观众们吓得纷纷逃跑。

1892年
美国发明家亚历山大·贝尔启用了从芝加哥通往纽约的第一条长途电话线
它将芝加哥和纽约这两座大城市连接起来。

1893年
塞尔维亚裔美国发明家尼古拉·特斯拉揭示了无线通信技术的可能性
他发明了无线电信号传输系统。

1896年
意大利工程师马可尼在伦敦注册了第一个无线电报的专利
他开启了电信时代。

91

19世纪的奇思妙想

可口可乐诞生

"嘿，旧大陆的居民们，你们好！欢迎来到美国佐治亚州亚特兰大。我是约翰·彭伯顿医生，我是一名药剂师。我配制药水、药物和药敷包。因为我做的法国葡萄酒浸剂，我在城里很受欢迎。它包含了各种草药，是一种万能药剂，真正的万应灵药！"

"但是出现了一个问题。我的万能药剂里含有酒精，而亚特兰大禁止销售和饮用酒精。我的'法国葡萄酒'……违法了！"

"想要再尝一口'法国葡萄酒'的味道，那是很多年以后的事情了……在全国范围内，没人能合法地喝酒，哪怕喝一滴威士忌、朗姆酒或葡萄酒，都是违法的。所以我开始研究一种全新的无酒精饮料。我永远都不会告诉你们它的配方。"

"它的味道很不错，我觉得加了苏打水以后更好喝。我的合伙人说，在任何地方都可以售卖它，甚至可以把它卖给儿童。他还给它起了一个听起来很不错的名字——可口可乐。"

19世纪的奇思妙想

1886年同年,自由女神像在纽约落成。没有人会想到,彭伯顿医生发明的糖浆,经过适当稀释,加入气体并装瓶以后,会成为全美国乃至全世界最受欢迎的饮料。独特的配方和朗朗上口的名字给可口可乐带来了好运,如果加点冰块再喝,就更好喝了。这也多亏了19世纪的另一项发明:制冰机。随着新闻媒体数量的增加,广告数量也增加了。可口可乐成为首个在全球得到推广的消费品。

圣诞老人——灵感的衍生品

圣诞老人总在每年的12月6日至次年的1月6日期间分发礼物。但起初他的外表并不像今天我们所看到的那样。他是一位圣人(在北欧国家叫圣克劳斯,在地中海国家叫圣尼古拉斯),一个穿着兽皮的精灵。多亏了一位杰出的插画家哈登·松德布卢姆,在他笔下,圣诞老人成为了一位身着红衣、留着白色胡须的快乐而富态的老爷爷。从1931年到1966年,松德布卢姆一直为可口可乐公司设计圣诞节海报及广告。他笔下的圣诞老人喝着可口可乐,看起来就像一位友好的邻居。随着圣诞节广告的推广,圣诞老人的新形象在全世界范围内传播。松德布卢姆塑造的现代圣诞老人形象逐渐确立并巩固下来,之前的圣诞老人形象渐渐被人们忘却了。

19世纪的奇思妙想

我，埃菲尔先生

"我是古斯塔夫·埃菲尔，一名法国工程师，也是金属结构专家。许多摩天大楼的骨架，以及纽约的自由女神像框架都是我的作品。我不是艺术家，相反，我非常务实。实际上，我也觉得建一座300米高的铁塔这个想法有些古怪。后来，我对这个项目充满热情，并且竭尽全力去完成它。为了解决面临的种种困难，我绞尽脑汁，在这个过程中我产生了许多奇思妙想。现在，所有人都能来埃菲尔铁塔参观，在里面的餐厅用餐，或者登上塔顶的观光平台，欣赏巴黎的美景，这是他们从没见过的全新的视角。你们得相信我，这一切并不容易。在建塔的过程中，巴黎人嘲笑它，侮辱它，抵制它，连颇有名望的作家莫泊桑也称它'铁芦笋'。它是为了迎接那一年的巴黎世博会而建造的，然而已经有人想要拆除它，觉得它破坏了城市的风景。但我相信，至少在接下来的1000年里，没有人会这么做。"

19世纪的奇思妙想

埃菲尔铁塔始建于1887年1月28日，1889年5月15日完工，那正是巴黎世界博览会开幕几天以后。埃菲尔铁塔落成后不久，在这里举行了"1789年法国大革命一百周年"纪念活动。几十年来，它一直是最高的人造建筑，关于铁塔的用途及美学影响仍然是大家讨论的话题。

如今，埃菲尔铁塔是世界上游客访问量最多的景点。2017年9月，为纪念第3亿名游客入塔参观，巴黎市政府在埃菲尔铁塔举行了庆祝活动。它现在还被用来发射广播、电视信号。它是所有法国人的骄傲。

一场真正的生意！

埃菲尔铁塔是巴黎市的财产和象征，谁都不得染指。然而，一个名叫维克托·卢斯蒂格的捷克斯洛伐克骗子竟将铁塔作为"旧铁"卖了几次，获得的金额接近今天的100万欧元。就这样，国际闻名的天才骗子维克托·卢斯蒂格成为"卖掉埃菲尔铁塔的人"。他最终被美国特勤局抓获，被判处有期徒刑20年，在阿尔卡特拉斯岛监狱服刑。

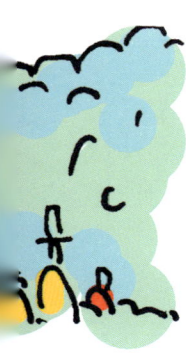

失而复得的灵感

有些发明和创造出现后又消失得无影无踪。当它们重新出现时,会有意想不到的发现。

1879年
在美国,高楼降落伞获得专利

19世纪末,由于摩天大楼越造越高,为了应对大城市经常发生的火灾,有人提出了这项发明。该降落伞配备了特殊的套鞋,可以进行软着陆。高楼应该配备这种降落伞,然而它从未投入生产。由于火灾逃生梯和逃生滑梯的推广,高楼降落伞被大家遗忘了。否则,在2001年的"9·11"恐怖袭击中,它也许可以挽救许多生命。

公元前1300年
犹太人领袖摩西建造了约柜,即第一个储电的电容器

约柜内放置着十诫石板及其他圣物。

它是由木头(绝缘材料)制成的,里外都镀了一层金(导电金属),从而变成一个完美的静电电容器。如果没有采取适当的防护措施,那些不小心触碰它的人就会被电流电到。今天,电容器是电子电路的一个组成部分。

失而复得的灵感

法国物理学家傅科在巴黎展示了以他的名字命名的钟摆

傅科摆的运动表明地球在进行自转。

1851年

钟摆被安置在巴黎的先贤祠内，又重又长。如果按照惯性定律，摆动平面相对于下方的方位盘应保持不变，但由于地球自转，我们可以看到，摆动平面对于方位盘在缓慢调整方向。

在观察钟摆后，傅科又想到了陀螺仪：这种装置有一个安装在悬挂支架上的转子，永远与自己的旋转轴保持平行。无论海面如何波动，陀螺仪都能保证船只独立航行；它也能保证飞机使用自动驾驶仪飞行。陀螺仪最新的两项应用是电动平衡车与悬浮滑板。

1750年，英国发明家汉弗莱·波特

汉弗莱·波特是这个关于灵感的故事中最年轻的发明家。他的名字容易让人联想起小巫师哈利·波特，当然在汉弗莱·波特的时代，发明家波特也是很有名的。童年时，与许多同龄人一样，为了生存，汉弗莱·波特不得不去工厂做工。他得不停地开关纽科门蒸汽机的分配阀。小波特想了一个办法，他将阀门连接到机器轴上，让阀门变成了自动的，然后他就跑去玩了。

97

失而复得的灵感

1206年 机器人之父

祝你们平安！

"大家好！我是贾扎里，我为波斯王子马哈茂德服务。王子热爱奇妙精巧的机械、喷泉和水钟，我是他最钟爱的工程师。"

"八个世纪之前，我为王子编写、绘制了历史上第一部自动机械的百科全书。我的手稿中包含至少50种建造自动机械的说明，它们都是无与伦比的精密装置。它们可以独立工作，比如，我发明的可以演奏乐器或显示时间的奇妙机械。我还组建了一支完整的乐队，它们都是由自动机械组成的。它们在一艘特制的船上演奏，演奏的机械装置都是由船的运动来驱动的。"

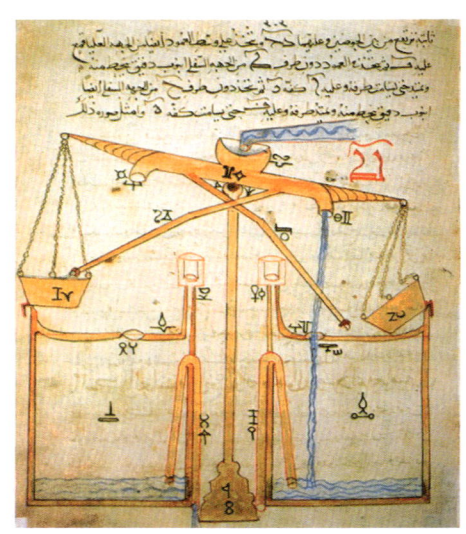

自动演奏者

"自动机械并不是什么新鲜事，但我的一个发明直到今天还造福于你们：我的机械是可编程的，也就是说，只要改变机械装置的某个部件，它们就可以演奏另一首音乐，或者做另一项工作。"

1644年 第一台计算器

它能做什么？会思考吗？

"我叫布莱兹·帕斯卡，21岁。将来我会成为一位伟大的哲学家，但现在我很享受研究机械的快乐。我造了一台机器，它会做的事情非常了不起：输入一个数字，再输入另一个数字，小轮子会转动起来，两个数字可以相加或者相减！人们叫它'帕斯卡计算器'——以我的名字命名它。对于我父亲和他的朋友来说，这真是一台不可思议的机器。"

失而复得的灵感

1771年

偷来的土豆

"大家好！我是安托万·奥古斯丁·帕尔芒捷，法国国王路易十六的前药剂师。路易十六就是那位在大革命期间命丧断头台的国王。可怜的人！我对他没有丝毫可抱怨的。在宫廷里，他听取我的建议并喝了我配的药水。他允许我实现我最重视的计划——将土豆作为国王享用的食材进行推广。我甚至说服他的妻子安托瓦妮特用土豆花装饰假发。"

"是的，没有我，土豆就不会成为如此受欢迎的食材。没有我，就没有炸薯条，没有土豆色拉，没有土豆泥，没有土豆面团……你们知道吗？议会曾经有一条法律禁止食用土豆，人们认为土豆有毒，会危害公众健康。土豆的叶子和果实确实有毒，但你们别告诉我，土豆的块茎不是优质食材！实际上，土豆种植已经有很长一段历史了，它传到欧洲至少已有两个世纪。从玛雅文明时代和阿兹特克文明时代开始，它就是南美洲人民最喜欢的食物。秘鲁、玻利维亚、墨西哥和智利都种植土豆。后来西班牙征服者将土豆与大量的金银一起带回国，但大家更重视黄金和白银。人们将土豆作为观赏植物种植在植物园和花园中，主要是因为好奇，而不是因为它的美丽。当我在战争期间被普鲁士人俘虏时，我才开始重新认识土豆。他们给囚犯吃土豆，认为这种食材配不上士兵和军官。"

"当一场大饥荒席卷法国时，土豆本可以成为补救措施。我试图推广它，但无济于事，农民们不愿了解它。所以我用了一个小伎俩，有些人将其称为真正的灵感：我派了士兵守卫国王的土豆田，从黎明一直到黄昏。农民们确信这是一种珍贵的食物，夜幕降临时，他们悄悄地把这种植物偷回家种植。就这样，在很短的时间内，土豆传遍了法国。"

失而复得的灵感

公元前7世纪 — 风塔带来的新鲜空气

几千年来,清爽、凉快的感觉都是通过自然方式获得的。多亏了风塔,即使室外温度超过50℃,波斯人的房屋也总能保持凉爽。风塔利用风能和太阳能来工作。室内外之间的温差产生了气流,就可以使房间降温了。

19世纪 — 天然冰

几千年来,只有这一种制冰的方法:将雪储存在洞穴或地窖里,用骡子把冰从山上背回来。

1835年 — 第一台制冰机

美国工程师雅各布·珀金斯注册了制造冰的设备专利。

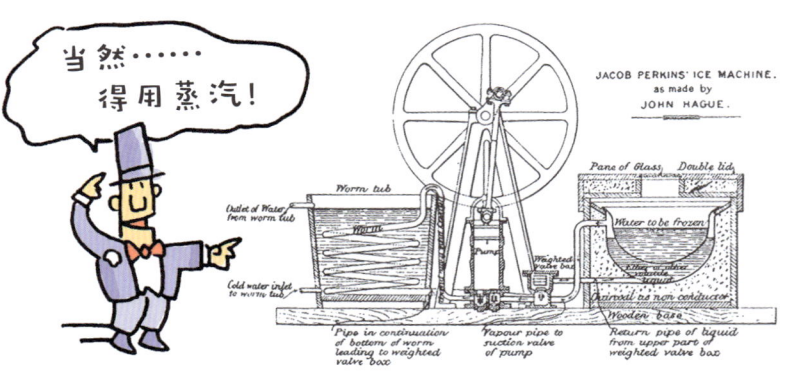

1851年 — 美国医生、发明家约翰·戈里获得了第一个温度调节器的专利

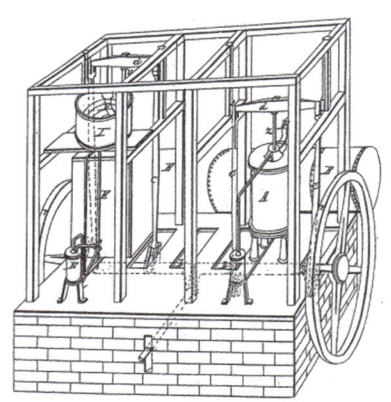

约翰·戈里生活在美国佛罗里达州,他想通过降低室温来治疗发烧患者。问题是,必须得从北美冰川切割并运输冰块。他用他的装置解决了这个问题,但是说实话,它有点笨重。

失而复得的灵感

1869年

制得家用冰块

卡尔·冯·林德建造了第一套制造冰的工业设备。他用蒸汽机压缩氨,当氨膨胀时便会制冷。然后再次压缩氨,继续这一循环。在城市中,移动冰窖得到了普及,它可以持续供应冰块。

1915年

属于大众的冰箱诞生

美国通用汽车公司生产了北极牌(Frigidaire)家用冰箱。在接下来的几十年里,冰箱改变了数十亿人的生活方式和饮食习惯。

1990年

禁用危险的CFC(氯氟烃)!

在世界范围内,含有氟利昂和其他氯氟烃(CFC)气体的冰箱都被禁止了,这些气体会破坏臭氧层。

停止使用氟利昂&CFC

2016年

用太阳能制冷

意大利米兰理工大学发明了SPARK冰箱,一种由太阳能供电的竹制冰箱。未来的冰箱将向可持续的方向发展。

汽车领域的奇思妙想

汽车领域的第一个灵感仍然来自意大利文艺复兴时期的画家、自然科学家达·芬奇。

1478年

弹簧车

达·芬奇设计的汽车像一架巨大的钟琴一般难以操控,但即使没有马或骡子拉,它也可以转弯,或者前进十几米。

1769年

法国工程师屈尼奥造了世界上第一辆汽车（以蒸汽引擎为动力）

巴黎人叫它"屈尼奥的怪物",它可以行驶,但很快就撞到了一堵墙,因为这位出色的发明家忘了为机车装刹车。

德国的卡尔·本茨获得第一辆（内燃机发动的）汽车的专利

他的妻子贝尔塔是他的第一位客户。事实是,她抢了一台样车（没有人愿意买）,驾驶着汽车去探望住在104千米之外的母亲。在旅途中她必须给汽车补给能量,当时没有加油站,更没有今天的燃料。发动机靠汽油才能运转,贝尔塔得去药店才能买到它。不管怎样,这个消息传遍世界各地,从此本茨先生开始销售他的第一批汽车。

1886年

汽车领域的奇思妙想

"雅迈·孔唐特"速度超过100千米/时

雅迈·孔唐特(意为"永不满意")是一辆电动汽车。它是由比利时发明家卡米耶·热纳济建造及驾驶的。

1899年

1902年

美国史蒂倍克公司生产电动车

在纽约,电动车在阔太太中很流行。它们没有噪声和难闻的气味,但不能行驶太远,而且价格高昂。

T型车

美国企业家亨利·福特推出"T型"燃油汽车

燃油汽车具有相当大的自主权,装配线大批量生产降低了生产成本。在15年内,亨利·福特先生销售了1500万辆"T型"车,动画片《唐老鸭》中鸭婆婆的车也是这一款。它很快就被其他汽车制造商模仿。

1908年

2010年

世界上的汽车超过10亿辆

自从汽车被发明以来,100年间,汽车都没有竞争对手。汽车尾气已成为大气污染的主要来源之一。

2030年

1/4的汽车将是电动车

自21世纪初以来,电动汽车已经重新具备了竞争力。

汽车领域的奇思妙想

1947年

呜呜!

意大利的法拉利汽车诞生

" 大家好！我是恩佐·法拉利。当我决定我的未来时，我只有十岁。那是1908年9月6日，我的父亲带我去看弗洛里奥盾汽车大奖赛，在当时它已经是具有传奇色彩的汽车赛事。车手温琴佐·兰恰最快的一圈速度超过了100千米/时。简直太棒了！我父亲阿尔弗雷多是为数不多的拥有汽车的幸运儿之一，他为此感到十分自豪。他是一家手工工厂的老板，主要为国家铁路建造顶棚和站台棚。"

" 在学校里我并不是很出色，不像我哥哥那样，他在班里总是名列前茅。相反，我喜欢饲养鸽子，这门技术需要有管理者的才能，而这种能力我永远不缺。我喜欢干手工活，经常去工厂帮我的父亲。父亲希望我能成为一名工程师，我很高兴。"

" 不幸的是，第一次世界大战爆发了，战争期间，父亲和哥哥相继去世。当我在阿尔卑斯山地军团服役时，也曾患上胸膜炎，命悬一线。1918年战争结束后，我没有工作，绝望又沮丧。我去了都灵，应聘菲亚特公司的职位——它后来成为全意大利最大的企业之一。但我被他们拒之门外。我留在了都灵，找到了我第一份真正意义上的工作：汽车修理厂试驾员。他们修理废弃的军用卡车，将其改造成豪车。我享受到了驾驶豪车的乐趣，在都灵我还遇到了人生中的第一位真爱。"

" 后来，在一次偶然的机会下，在维托里奥酒吧——汽车狂热爱好者的聚集地，我认识了埃马努埃莱，他将我带到了米兰，把我介绍给阿尔法·罗密欧汽车制造公司，我被聘用为试车手！我终于可以和塔齐奥·努沃拉里以及安东尼奥·阿斯卡里这样的传奇人物并肩驰骋在赛车场上。"

汽车领域的奇思妙想

" 我一直想成为一名出色的车手。虽然未能如愿以偿,但我赢得了很多比赛,并得到了许多奖品和奖杯。最令人意想不到的礼物是一幅跃马的图案,这是飞行员弗朗切斯科·巴拉卡印在他的飞机机身上的标志。弗朗切斯科的母亲,保利纳·比安科利伯爵夫人将这个标志送给了我,她说:'把它画在您的赛车上,会给您带来好运。'我照做了,那之后我确实好运连连,我认为这是我天才发挥得最好的时刻之一。"

一扇门关了,一定会有另一扇门打开

1937年,作为赛车手,恩佐·法拉利从赛场上退役了。他不再赛车,将会有其他人驾驶着他的车继续比赛。他成立了一家小型汽车公司,总部设在马拉内洛,旨在生产非同凡响的汽车去参与赛车比赛。第二次世界大战之后,1947年,他的公司更名为法拉利,驾驶他的赛车参加比赛的是世界上最优秀的赛车手。

当年拒绝雇佣恩佐·法拉利的菲亚特公司,60年后,以天价买下了法拉利公司的大部分股份。这是一笔很划算的买卖。无论是在赛道上还是在国际市场上,法拉利车队仍然所向披靡,战无不胜。法拉利赛车无比珍贵,是唯一的购买之后仍会增值的汽车。

2003年 美国特斯拉汽车诞生

"大家好!我是埃隆·马斯克,我是企业家、发明家,也是梦想家。我成立的公司业务内容涵盖了太空火箭、光伏电池、网络金融服务以及其他领域。我有一个坚定的梦想:我希望世界上的汽车都是电动汽车——我生产的电动汽车。"

"正因如此,我收购了特斯拉汽车公司,以1美元的年薪亲自经营它。我为特斯拉汽车建造了许多服务站,服务站里安装了太阳能充电桩,它们可以为特斯拉汽车免费提供无污染的电力能源。"

"他们都叫我天才少年。12岁的时候,我用我的电脑设计了一个电子游戏,并且赢得了国际大奖。"

"现如今,他们说我是世界上最富有、最有权势的人之一。这倒是真的。但我也曾是一个小男孩,我一直都很喜欢科幻片,甚至还和钢铁侠一起合作了一部电影!"

"在学校的时候,并不是所有人都喜欢我,有些恶霸甚至把我从楼梯上扔了下去。谁知道他们现在在干什么呢!"

汽车领域的奇思妙想

"我一直有一个萦绕于心头的梦想:搭载我的火箭前往火星,开发这颗红色星球,把它打造成一座郁郁葱葱的花园,然后再开一辆特斯拉电动汽车在火星上兜风。"

还不错的一对

埃隆·马斯克出生于南非。他拥有加拿大国籍,但他的公司在美国加利福尼亚州。2018年,他的资产已经约有200亿美元。在他拥有的众多公司里,他最爱生产电动汽车的那家公司,因为那家公司是以他最喜欢的科学家尼古拉·特斯拉的名字命名的。这也是一个非凡的灵感。

日常生活中的奇思妙想

今天我们所使用的大部分物品都诞生于发明者的灵感,有时发明者还是鼎鼎大名的人物。

1597年
意大利科学家伽利略发明温度计

起初它只是一个玻璃细颈瓶,底部有鸡蛋大小,颈部又细又长。把细颈瓶倒过来浸入装满水的容器中,水会沿着玻璃瓶颈上升到一定的高度。移开手,随着气温的变化,水面会上升或下降。根据水面变化的幅度可以判定气温的变化。就这样,第一个温度计诞生了。

1557年
威尔士医生罗伯特·雷科德将等号"="引入数学

这位威尔士医生曾经被任命为布里斯托尔造币厂厂长。他厌倦了总要在账目中写"等于",于是引入了"="这一符号。如今这一创举已经被所有人接受,但他由于政治原因(反对国王监护人、都铎王朝朝廷成员威廉·赫伯特男爵)而被捕入狱。造币厂被关闭,雷科德在一座肮脏的监狱里度过了人生最后的60天。

意大利裔美国人伊塔洛·马尔基奥尼获得了甜筒冰淇淋的专利

起初,在他的甜点店里,冰淇淋是用玻璃杯供应的,可这些玻璃杯经常被打碎,或者再也回不来。"可食用"的锥形蛋卷解决了这个问题,并且被推广到全世界。

1903年

1971年 美国人特德·霍夫与意大利人费代里科·法金发明了第一个商用微处理器

这是一个真正的集成在单个硅片上的商用微处理器,它叫"英特尔4004"。现在微处理器已经遍布全球了,电脑、手机、相机等各种电子设备中都有它们的身影。它们无处不在。

为美国哈佛大学学生设计的网站——脸书诞生了

这个灵感属于19岁的马克·扎克伯格,他在一些同伴的帮助下创建了这个网站。脸书(Facebook)这个名字来自"带照片的学生名录",美国大学会将这一"花名册"提供给学生,便于他们进行社交。2017年,脸书的用户超过了20亿。据《福布斯》杂志报道,2018年,扎克伯格在世界富豪排行榜中位列第五。

2004年

日常生活中的奇思妙想

伊特鲁里亚人发明拱顶石

公元前7世纪

有了拱顶石，就可以建造各种尺寸的石拱门。古罗马人和其他地中海居民用拱顶石来建造桥梁、引水渠以及一些宏伟的建筑，也包括罗马大角斗场。

亚历山大大帝的军队发现石油

公元前331年

亚历山大大帝入侵美索不达米亚时，希腊人发现一些石油和沥青的坑洼与矿层暴露在地表，同时也发现了它们在战争时期及和平时期的用途。有些矿洞一直燃烧着。拜占庭人广泛使用了这一致命的"希腊之火"。它含有沥青、石油、石脑油、硝石和生石灰，这些成分能使火焰永不熄灭，甚至烧得更旺。今天，我们使用的大部分物品都含有来自石油的成分，如塑料、合成面料、燃料，等等。

美国人埃德温·德雷克钻探第一口油井

1859年

德雷克先生是第一个提出从地下矿层抽取石油的人。"他的"石油位于泰特斯维尔（美国宾夕法尼亚州的一个小镇）的地下21米处。德雷克先生从石油中提取了沥青、萘、石蜡和灯油。如今我们称之为"汽油"的易挥发的成分，在当时被认为是废料。

世界上使用最广泛的药物——阿司匹林获得专利

实际上,柳树皮中就包含乙酰水杨酸(阿司匹林的有效成分)。咀嚼柳树皮是治疗发烧及其他疾病的有效方法,古代的中国人、希腊人以及其他民族都用过这一方法。

1901年 真空吸尘器获得专利

它是我们今天使用的吸尘器的鼻祖。它的发明者英国人休伯特·布思也创立了自己的清洁公司。它的真空泵由安装在马车上的发动机驱动。马车上伸出四根长长的软管,将房间里的灰尘吸走。

13世纪

不再有近视,不再有老花眼

威尼斯的一位工匠开始制作眼镜。在威尼斯,制作眼镜的过程是这座城市的机密。在1284年,若不使用水晶而采用玻璃制作眼镜的人将受到严厉的惩罚。

外科医生治疗眼睛

何塞·巴拉克尔找到了一种通过手术来矫正视力的方法。他是一名西班牙医生,在哥伦比亚的波哥大发展并完善了他的技术。21世纪以来,借助激光,人们可以进行晶体矫正。

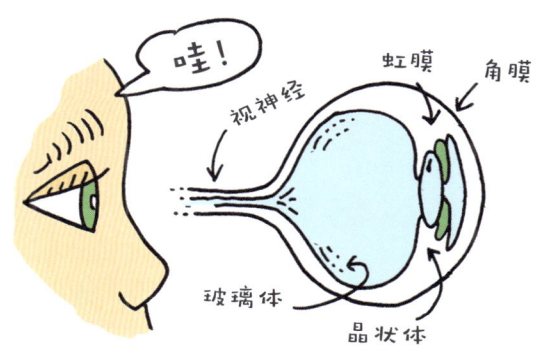

日常生活中的奇思妙想

公元前6世纪 吕底亚（小亚细亚西部古国）铸造了第一枚硬币

它是一小块天然的金银合金，腓尼基人称之为"Elettro（金银合金）"。吕底亚国王克罗伊斯被认为是古代最富有的人。在货币发明之前，人们用牛作为货币单位，比如一把剑等于五头牛，一套盔甲等于八头牛，等等。

公元806年 唐宪宗时期开始流通最早的纸币——飞钱

当马可·波罗来到中国时，当时的纸币上印有大汗忽必烈的印章。在欧洲，直到拿破仑时期，人们才开始使用纸币。

英国物理学家牛顿将硬币边缘铸成锯齿状

牛顿被任命为伦敦皇家铸币局总监，他用这种方法避免了人们私自剪切硬币的边缘从中获利的现象。硬币边缘被打磨成锯齿状，还能防止硬币磨损。

1700年

2008年 互联网上出现比特币

这是一种可以在网上购买和使用的电子货币。它由生成它的系统所批准生效，在某些国家，比特币可以与当前的流通货币合法地进行兑换。它的价值取决于市场，也就是取决于比特币的需求和供应状况。它的创造者化名为"中本聪"，没有人知道他到底是谁。在互联网上创造了比特币之后，他放弃了他的发明。他的真实身份至今仍然是个谜。

112

牛顿发明猫门洞

牛顿不仅是万有引力定律的发现者,他还有一些更接地气的发明,其中一个发明备受家里养宠物的人的称赞。他的猫想自由地进进出出,牛顿总被打扰,感到十分厌烦。于是他在家里的门上开了一个能活动的小门,让猫咪可以随意地进出。

达尔文发现人不能给自己挠痒痒

当别人挠我们痒痒的时候,我们会被逗笑,难以忍受。这一现象曾经使柏拉图、培根以及伽利略十分着迷。这是昆虫或其他小型入侵者触碰身体后人体产生的防御反应。我们自己挠痒时身体不会出现这种反应,因为大脑知道——是我们自己挠的!

英国的约翰·蒙塔古伯爵发明夹心三明治

约翰·蒙塔古伯爵是一位海军上将、外交官,也是一位慷慨的赞助人。他的爱情故事启发了英国大文豪萧伯纳创作出戏剧作品《皮格马利翁》(又名《卖花女》),音乐歌舞片《窈窕淑女》也是由这部戏剧改编而来,甚至一座小岛也以伯爵的名字命名。但是,他的名字之所以被历史记载,是因为他在一场纸牌比赛中发明了精致的夹心三明治。

宇宙领域的奇思妙想

所谓宇宙,就是所有行星、恒星以及星系等的总和。要想真正了解宇宙是什么、宇宙是如何运作的,还需要多少灵感呢?

公元前2700年

苏美尔天文学家为星辰和星宿命名

他们将天空分为十二"宫",根据星辰位置的变化,可以预测天气,"占卜"未来。

宇宙蛋

苏美尔人认为,宇宙是由宇宙蛋而来的。印度天文学家也认为宇宙是由一颗蛋而来,梵天(婆罗门教、印度教的主神之一)用他的生命气息将它孵化出来。金子做的上半部分形成了天,银子做的下半部分形成了地。

相反,古代中国人认为,混沌的宇宙是被一位名叫盘古氏的巨人所打破的。较高的部分形成了天,较低的部分形成了地。盘古死后,他的呼吸变成了风,他的声音变成了雷声,他的一只眼睛变成了太阳,另一只变成了月亮。最后,他的身体变成了山川、峡谷和平原。

古希腊人认为,在宇宙诞生之前只有混沌。混沌中诞生了大地女神该亚,她独自孕育了天空、星辰、云彩、太阳、月亮与所有的行星。

宇宙领域的奇思妙想

公元前 650 年

地球不是平的

古希腊哲学家阿那克西曼德认为地球是圆的，天空在我们之下。

公元前 400 年

许多同心球

古希腊天文学家欧多克索斯认为，宇宙由27个围绕地球旋转的同心球组成。第一个同心球里包含太阳，第二个同心球里包含月亮，行星和恒星嵌在其他同心球中。

公元前 350 年

（我总说这是我的理论！）

其他球体

古希腊哲学家亚里士多德在欧多克索斯的基础上发展了自己的理论，并且增加了另外28个球体。

  假新闻！

公元 150 年

古希腊天文学家托勒玫建立了"地球位于宇宙中心"的模型

他认为太阳、月亮、行星以及其他星辰，全都围绕地球运行，这就是"托勒玫体系"。有1400年之久，这个理论都被认为是正确的！

1543 年

波兰天文学家哥白尼将太阳置于太阳系的中心

他用数学和几何学知识证明了这一点。在实践层面，他将地球从宇宙中心的位置剔除了，在那个时代，这可不是一件小事儿。

（他们将其称为"哥白尼革命"！）

宇宙领域的奇思妙想

宇宙不是以前所知的那么大

意大利哲学家布鲁诺认为，我们的太阳只是宇宙中的一颗恒星，宇宙里遍布这样的恒星。他的想法被认为是异端邪说，宗教裁判所判处他火刑，他被烧死在罗马的鲜花广场。

1600 年

1609 年

直到今天依然适用的轨道

德国天文学家开普勒纠正了哥白尼绘制的行星运行的圆形轨道，将行星运行的轨道绘制成椭圆形。直到今天，人造地球卫星在地球引力场中运行的轨道仍然是用他的公式（开普勒定律）计算的。

伟大的想法：望远镜

伽利略用他的望远镜证实，金星围绕太阳运行，而木星有一些神奇的卫星。此外，通过观察太阳黑子，他发现太阳也像地球一样，围绕自己的轴旋转。

1610 年

1750 年

更为浩瀚的宇宙

德国哲学家康德与英国天文学家托马斯·赖特认为，许多微弱的星云实际上是遥远的其他星系，与我们的星系相似。

宇宙领域的奇思妙想

未被接受的想法

公元前300年,古希腊萨摩斯的阿里斯塔克已经提出,太阳位于太阳系的中心,地球绕太阳运行。但是没有人把他的话当真。

1200年,波斯人奈绥尔丁通过观察彗星的轨迹证明,地球围绕自己的轴旋转。但也没有什么人听他的。

同为波斯天文学家的阿卜杜勒-拉赫曼·苏菲发现了仙女座星云以及大麦哲伦云。他是最早探索那些奇怪的朦胧斑点是什么的人。

其他星系

英国人威廉·赫歇尔首次绘制了我们星系(我们称之为"银河系")的形状,并确定我们的太阳也位于其中。

1785年

我们的太阳

1920年

浩瀚无垠的宇宙

美国天文学家希伯·柯蒂斯和哈洛·沙普利开始探究,我们的宇宙究竟有多大,包含了多少星系。

1929年

……在持续运动中

美国天文学家哈勃在加利福尼亚州威尔逊山天文台观测到,星系存在红移现象,它们正在逐渐远离。

宇宙领域的奇思妙想

1922年 膨胀宇宙

苏联物理学家亚历山大·弗里德曼利用爱因斯坦的公式，证明了宇宙正在向各个方向均匀扩张。连爱因斯坦都认为这不可能。

哦！

天才也有可能犯错哦！

从一个点开始

比利时物理学家乔治·勒迈特得出结论，宇宙开始于一个"原始超原子"的爆炸，一切都集中于这个体积几乎为零的点。宇宙是不断膨胀的。

1931年

宇宙！

1949年

大爆炸！

无与伦比的想法

英国人弗雷德·霍伊尔是一位物理学家、天文学家以及爱讽刺的科幻小说作家，他发明了"大爆炸"这一术语。

1965年 宇宙大爆炸铁证如山

美国科学家阿尔诺·彭齐亚斯和罗伯特·威尔逊在贝尔实验室研究天线时发现，扰乱他们通信的微波是大爆炸的辐射残余，即宇宙背景辐射。美国宇宙学家乔治·伽莫夫预测到了这一点，他也是大爆炸宇宙论的创始人之一。1978年，彭齐亚斯和威尔逊获得了诺贝尔物理学奖。

宇宙领域的奇思妙想

宇宙大爆炸！

1990年

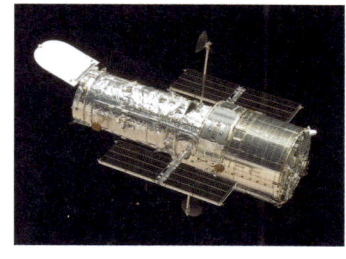

第一个空间望远镜进入轨道

为了纪念哈勃，人们给这架空间望远镜起名叫"哈勃空间望远镜"。哈勃空间望远镜的观测结果不仅证实了宇宙正在膨胀，还证实这种膨胀正在加速。由于这一发现，美国的索尔·珀尔马特、布赖恩·施密特（他也有澳大利亚国籍）和亚当·里斯获得了2011年诺贝尔物理学奖。

2001年

宇宙的年龄

测量微波的WMAP（威尔金森微波各向异性探测器）确定了宇宙的精确年龄，也就是从大爆炸那刻起宇宙过了多少年：137亿年。这也是构成我们人类的原子的年龄。

2008年以来

人类出现了新的想法：还存在其他宇宙；宇宙中大部分物质实际上都是"暗物质"，肉眼和仪器都不可见，也不同于行星、恒星以及我们所熟知的一切。

有一件事情是肯定的：灵感永远不嫌多！

行星，恒星，等等

暗物质

宇宙

尼古拉·特斯拉和他的人工闪电。
科罗拉多斯普林斯(美国),1899年。

图书在版编目(C I P)数据

啊哈,我发现了!:10000年来改变世界的奇思妙想／(意)卢卡·诺韦利文、图 ；刘雅楠,孙双译. — 上海：少年儿童出版社， 2020
 ISBN 978-7-5589-0848-4

Ⅰ.①啊… Ⅱ.①卢… ②刘… ③孙… Ⅲ.①科学知识—少儿读物 Ⅳ.①Z228.1

中国版本图书馆CIP数据核字(2020)第145483号

著作权合同登记号　图字：09-2019-339号

Original title: EUREKA! 10000 anni di Lampi di Genio
Texts and design by Luca Novelli
Graphic design by Studio Link (www.studio-link.it)
Copyright © 2018 Editoriale Scienza S.r.l., Firenze – Trieste
www.editorialescienza.it
www.giunti.it
The simplified Chinese edition is published by arrangement with Niu Niu Culture.
Photo credits:
Luca Novelli: pages. 73, 143.
NASA: page 127.
Shutterstock: page 101a © haveseen; p. 101b © Sergey Kohll.

啊哈,我发现了!
10000年来改变世界的奇思妙想
［意］卢卡·诺韦利 文/图
刘雅楠　孙　双译
章金昇 装帧

责任编辑 曹　燕　　美术编辑 章金昇
责任校对 沈丽蓉　　技术编辑 谢立凡

出版发行 少年儿童出版社
地址 上海延安西路1538号　邮编 200052
易文网 www.ewen.co　少儿网 www.jcph.com
电子邮件 postmaster @ jcph.com

印刷 上海雅昌艺术印刷有限公司
开本 787×1092　1／12　印张 11.333
2020年7月第1版第1次印刷
ISBN 978-7-5589-0848-4／N·1160
定价 99.00元

版权所有　侵权必究
如发生质量问题,读者可向工厂调换